重新定义分享

UBER中国的分享实践

谈 婧◎著

中国友谊出版公司

图书在版编目(CIP)数据

重新定义分享 / 谈婧著. —北京：中国友谊出版
公司, 2017.1 (2024.1 重印)

ISBN 978-7-5057-3923-9

Ⅰ.①重… Ⅱ.①谈… Ⅲ.①高技术企业–企业管
理–研究–中国 Ⅳ.①F279.244.4

中国版本图书馆 CIP 数据核字(2016)第 290162 号

书 名	重新定义分享
作 者	谈　婧
出 版	中国友谊出版公司
策 划	杭州蓝狮子文化创意股份有限公司
发 行	杭州飞阅图书有限公司
经 销	新华书店
印 刷	杭州钱江彩色印务有限公司
规 格	710×1000 毫米　16 开
	15.25 印张　195 千字
版 次	2017 年 1 月第 1 版
印 次	2024 年 1 月第 4 次印刷
书 号	ISBN 978-7-5057-3923-9
定 价	45.00 元
地 址	北京市朝阳区西坝河南里 17 号楼
邮 编	100028
电 话	(010)64668676

献给每一个拥有无限可能的你

▶▶▶▶▶▶▶▶▶▶▶▶

分享经济领军企业创始人推荐语

Uber是最早获得世界尊重的分享经济企业,而Uber中国更是第一个让我惊讶的外资互联网企业。感谢谈婧分享的这些关于Uber的秘密,分享经济必将改变世界,即使胜利未必属于先行者!

——WiFi万能钥匙创始人　陈大年

为什么分享经济是趋势?是因为它符合人类进化的趋势。分享经济在人性层面反映的是"让爱成就梦想",这是人类群体共同的信念和价值追求。Airbnb房东分享的热心成就了背包客在当地的归属感,PP车主分享的热情成就了想开车人自驾生活的精彩,志愿者送去的一瓶水成就了汶川地震灾民对生活的希望,中国分享发展"一带一路"战略希望成就发展中国家的共同富裕。发心对了,我们就大胆去推动分享经济的到来吧!

——PP租车联合创始人兼CEO 张丙军

在这本书中,谈婧将自己在分享经济从无人认可到深入人心这一过程里,所经历的种种探索、不易以及笑与泪都一一呈现,读起来既酣畅淋漓,又发人深省。我相信,伴随着人们对分享经济的认可程度越来越深,以及配套生态与服务的不断完善,分享经济必将在中国创造更多的可能性、更加深入地改变人们的生活。我们也将继续致力于推动这一远景的实现。

——科技寺创始人 王 灏

每一个"悄然之间"改变世界的事物,一定有人已经将其奉为信念、理想,坚持、隐忍、披荆斩棘。尤其如书中记录,分享经济依赖移动互联网技术,变革了资源整合方式,但只有践行其中的人,才知道好似播种耕地收获般的辛劳与成就。感谢作者以时间切面呈现改变历程,同为分享经济领域创业者感同身受。

——梦想加联合办公空间创始人 王晓鲁

Uber所倡导的分享经济所展现出的独特魅力和商业价值,已经被事实所证明，并切切实实地改变了全民的生活。谈婧对 Uber 中国发展历程的回顾细腻真挚而又不乏深思，只有亲身经历并冷静思考才能沉淀出如此透彻的文字，并为广大的分享经济创业者、实践者带来启迪。

——VIPKID 创始人　米雯娟

分享经济的价值，不仅是资源的分配重组，更将通过用户需求不断向供给端回溯重构。说白了，经得起分享经济的打磨，不光是有用的东西，还得是好东西。这对整个社会的意义不言而喻。

——衣二三创始人兼 CEO　刘梦媛

谈婧的《重新定义分享》通过回顾自己参与中国出行分享的一场伟大变革，为我们理解分享理念带来了许多前沿性的启发。分享经济在各行各业的应用是中国"互联网＋"时代最具有革命力量的商业浪潮，它使中国某些过剩社会的资源得到最大化利用。分享经济不仅改变了中国人民的衣食住行，也在更好地推动公益与健康医疗保障行业的发展，水滴互助也是这个领域忠实的践行者，坚信分享加速让生活变得更美好！

——水滴互助创始人　沈　鹏

Uber 不仅在全球领导了分享经济，也掀起了中国分享经济的大潮。

Uber在中国展现出的本土化能力让人印象深刻,改变了人们长期的认识。

——小猪创始人兼CEO　陈　驰

　　很高兴看到谈婧撰写的关于分享经济的作品顺利出版,读着书中她倾注了心血的字句,让我回想起我们一同摸索"吃的分享"的经历,其中的观察和总结非常到位,不难看出她深度的思考与成长。在Uber和回家吃饭对分享经济不同模式的一线实践作战,让她收获了不一样的心得,产生了对广大创业者都极富价值的观点,值得每一位读者仔细体会。

——回家吃饭创始人兼CEO　唐万里

如果你想找个人聊聊分享经济

我一点都不怀疑,分享经济将把整个人类的商业发展史切割成两段。在过去的几千年时间里,似乎只有独享才是商业的唯一真理,垄断铸就坚固的行业壁垒,其催生的暴利令一代又一代从商者趋之若鹜。而分享经济的诞生,则将商业重新推向了另一个新的境界,其重新搭建了供需关系,互联网让商品能够以一种更有效的方式进行分配,从而使得物尽其用,人们可以花费更少的代价来满足自身的需求。

关于分享经济,在衣食住行各个领域都出现了不错的创业公司,Uber无疑是其中最亮眼的"明星"之一,而Uber中国的努力使得生活在中国城市中的你我获得了切切实实的出行便利。以Airbnb为代表的房屋分享亦在持续加速之中。而在过去的几

V

年里，果壳一直都致力于知识分享，在行和分答亦是如此。分享经济模式正在我们生活中的各个领域里开花结果，甚至在一定程度上改变了我们的国家。

如果你想找个人聊聊分享经济和将其引领进入中国的Uber，那么谈婧或许是最佳选择之一。作为Uber中国的创始团队成员，她用纤毫毕现的细腻笔触描绘出你我所不了解的Uber中国发展历程，又能够用开阔的视野和敏锐的目光捕捉到分享经济正在发生的蜕变。在由此写成的这本书中，她不仅忠实地记录了自己从第一次接触Uber和分享经济，到离开Uber中国重新创业开始新的分享经济实践的全过程，也从多个角度探究了分享经济那些尚不为人知的"秘密"。书中一段司机们眼底里的灯火一盏盏被分享经济所点燃的描述，尤为令人印象深刻。

作为一个分享经济的创业者，我十分乐于见到这本书的出版，也期望它能够如同一粒明亮的火种般，在夜空里点燃更多分享经济的星火。Uber中国的故事已告一段落，但更多分享经济的形式在中国被创造出来，正在改变人们生活的方方面面。

当分享经济成为我们生活中不可分割的一部分时，你一定会想要知道：其来于何方，正在发生何等波澜壮阔的变化，又将要向哪里去？分享经济是如何从一个天才般的理念，逐渐形成切实的商业模式，搭建出双边平台和周边的生态系统？中国的第一批分享经济的实践者和参与者又是如何赤手空拳地在出行租车这个古老的行业里硬生生砸出一片天地?这本书将会给你答案。

　　分享经济的可能性还远远没有被开发完毕,我们已经看到的,是而今萌芽的众多分享经济模式,我们没有看到的,是未来更多的可能,分享经济是一把通向未来的钥匙,让我们从这本书开始,开启通向未来的门。

姬十三

果壳网、分答创始人

分享经济的下半场

2016年年初的时候，我做了一次关于创业的分享，分享结束后过了几个月，一位当时的观众约我吃饭。其间得知，她是一个图书编辑，想与我探讨约书的可能。她说："我听了你的分享，很喜欢里面的内容，我直觉觉得，你很有潜力写一本书，一本关于分享经济的书。"我听了，笑道："你怎么会知道的，我从小一直喜爱码字写文章。"于是，她向我约书，我重拾码字的爱好，一切就自然而然地发生了。

我的Uber历程，也是自然而然发生的一次偶遇。很幸运地，我在2014年年初，Uber刚刚进入中国的时候加入上海团队，成为Uber中国的第八位员工，并在早期主导或参与了众多运营模式的探索。Uber开启了我的创业心智，让我在之后走上了创业和创投的道路。从分享经济在中国的萌芽时期,我最初接触、最初推广分享经济开始,我前后做了两个分享经济的创业和准创业,"车的分享"与"吃的分享"。这是两个截然不同的分享经济形态,其商业模式、运营方式等都有巨大的不同,在对比、摸索中,我对分享经济有了深入的理解和认识,而后,我又在近期的研究深造和本书的撰写过程中对分享经济进行了更多的思考和分析。

这本书,希望将我对分享经济商业模式和运营实务的探索和总结分享给更多人,以我个人作为Uber中国早期一线创始团队成员的视角,将Uber中国从零到一的实战案例与读者分享。在这本书中,你会看到:

一、分享经济的商业逻辑是什么,业界流传很广的某些认知为何是错误的;

二、做分享经济的创业,其成功要点是什么,如何实现从零到一,如何做好分享经济的运营;

三、作为海外互联网公司在中国最成功的案例之一,Uber在中国是如何接上地气的,其成功与失败之处;

四、Uber如何用极低的成本创造品牌传播的神话,众多奇思妙想的经典传播案例背后的真实故事;

五、以真实的案例,揭示Uber著名的"城市铁三角"是如何工作的。

分享经济走到今天,也进入了下半场,分享商品分配的商业模式已经格局初现,而分享经济的未来,在我看来,有两个要点将对分享经济的下半场产生重要影响。

首先,我最关注的是个人的微创业和个人启迪。伴随互联网这一基础设施的普及,以及对社会及产业链方方面面的渗透,个人的创业门槛降低了,产生价值的最小单元变小了,各种新型的"微创业"机会逐渐产生,个人逐渐脱离组织存在,个人的主观能动性被启迪,个人被赋能,这是我认为分享经济对社会最大的价值所在。它是能够沉淀下来、流传下去的东西,它将孕育启迪、孕育创造、孕育可能性。于是,在我进行日常运营的过程中,以及在撰写本书的过程中,都对个人的启迪给予了较多的关注。在本书中,你将会看到分享经济参与者的主观能动性如何在Uber成长的过程中逐渐被激发,我如何有意识地推动这一点,而这一趋势,将如何影响到更广泛的领域。

第二,分享经济逻辑在生产领域的渗透。分享经济是一种模式,它的应用不仅仅限于我们已经看到的商品分配领域。一样的逻辑,可以应用到价值链更多的环节、应用到生产领域,而这需要分享经济的逻辑与科技、与制造更加深度地结合,它所面临的挑战和潜力都将是巨大的。不论在未来,分享经济会呈现出什么形式,甚至换一个什么名字,都不会脱离其基础的逻辑。

这是一本总结分享经济实战要务的书,也是一个像小说一样的故事。是的,这本身的确是一段充满奇妙和启迪的故事,让我享受其中,所以我也用充满活力和启迪的笔触去撰写,希望你们和我一样,享受这段故事。

目　录

第一章

分享经济从0到1

初见Uber，失眠

那是2013年的12月，我刚结束完哈佛商学院MBA的面试，回到酒店。一个许久不见的朋友突然在微信上问我："你知道Uber吗？"我不假思索地回复她："Uber是谁？"微信那头的她估计已经笑翻了："Uber是个很酷的硅谷公司，你可以搜搜……他们打算进入中国，你要不要去应聘试试？"

我没有料到，这段从天而降的微信对话从此改变了我的人生轨迹。

伴随着人生中最奇葩的面试过程，我开始了和这间神奇公司的接触。

一番计算量巨大的笔试之后，我从北京飞到上海面试，和当时主导Uber亚洲城市拓展的负责人萨姆见面。在传说中，他是曾经美国顶级投资银行亚洲研究团队的负责人，极其聪明。虽未谋面，我就已经觉得他很有意思，因为明明是一个大老外，他却在几乎不懂中文的情况下为Uber起了一个很妙的中文名"优步"（有多美妙呢？不妨对比一下谷歌）。

见了面，一眼就可以看出萨姆凌厉的处事风格。他一句话都不多说，直接把我带到办公室所在大楼对面的咖啡馆，一个问题接一个问题地连番轰炸我，每当我有任何一句话没有说到点子上，他都会表现出明显的不耐烦，让坐在对面的我心头一紧。

半小时的轮番轰炸之后，他告诉我，问题问完了，现在请我实际乘坐两次Uber，途中和司机聊天，回来之后告诉他我有什么想法。话音刚落的几分钟时间里，他已经用Uber叫好了一辆奥迪，付了咖啡账单，起身离开咖啡馆，把我扔上车，自己就穿过马路回办公室去了。其间，他还不忘抢过我的手机向团队发邮件投诉司机迟到，留下我晕晕乎乎地被车载走了。于是，我开始了自己的第一次Uber行程。一路上，我与司机攀谈，从司机口中第一次了解了Uber的大致运营情况，以及发现了近期激励政策变化导致的问题。

40分钟以后，我回到办公室，向萨姆表述了我对业务的理解和对激励政策的几条建议，他显然很满意，但又向我提出了一个新的问题："你来设计一套激励政策，24小时以内发邮件给我。"

领着这个仿佛从天外飞来的题目，我离开，去赶高铁回家。坐在高铁上，我的脑海中开始不断地涌出新的想法。难以自禁地，我一边脑洞大开地想方案，一边激动地往笔记本电脑里打字。在三个小时以前，我对Uber的业务还一无所知，但爆炸式的多元的信息轰炸调动起了我的好奇心和想象力，我不断地回味这信息密度极高的面试，不断地回忆在车上和司机聊天的各种信息,不断地调起其中的各种细节,不断地组合信息和设想方案。我实在难以抑制住不断涌现的灵感,甚至到家后还继续写着方案,大脑保持着高速运转,直至思考了一整个晚上,写出洋洋洒洒的一大篇邮件给萨姆发了回去。

那天晚上,我居然失眠了。

据说埃隆·马斯克在筹划建立SpaceX(美国太空探索技术公司)的时候,非常需要吸引顶尖的宇宙科学家加入,但在当时没有多少人会听这个毛头小子宣导他那不切实际的想法。于是,他给几十位科学家写信,把自己设想的疯狂的问题提给科学家们,请教解决方案。几周以后,他得到了一半以上科学家的回复,答案是问题真的可以解决,而解决办法正是他的这个疯狂计划。没过几个月,这些科学家出现在了SpaceX,成了他的项目成员。

没有信息记载,在找到答案的时候,这些科学家中有多少人失眠了。

是的,一个有趣的问题,对创业核心团队有最致命的吸引力。以一样的方式,我被Uber吸引了。

没过多久,我从北京搬到上海,成为Uber在中国第一个城市的"铁三角"之一。

对于任何一个处于初创时期的创业公司而言,招募人才都是CEO非常头疼的问题。而早期员工又是那么重要,他们占据核心的位置、对公司的未来影响深刻,并且在伴随公司成长的过程中能够对公司有深刻的理解,一旦之后跟不上公司的成长,不得不发生人员变动,对公司而言无疑是一个伤筋动骨般的损失。但是,很少有公司足够幸运,在早期就可以招募到能够伴随公司成长到最后的员工,即使大饼画得足够吸引人,也会有相当比例的优秀人才出于对风险的顾虑或者对现实的考虑,做出更加安全的选择。

即使时间紧迫,妥协也不是最好的处理方式。此时,采取一些非常规的手段去赢得优秀人才的心,无疑是值得尝试的方法。

铁三角：企业去中心化的组织架构

自从进入 Uber，我最经常被问到的问题就是：你们真的每个城市只有三个人？你们都做些什么？

是的，是真的，我们每个城市就只有三个人，也就是所谓的"铁三角"。铁三角是 Uber 新进入一个城市的标准配置，后来成了众所周知的 Uber 城市团队组织架构。铁三角，顾名思义，就是一个由三人组成的城市团队，一个总经理、一个运营经理、一个市场经理，三个人的团队完成一个城市从 0 到 1 的冷启动。铁三角里的每一个人，都需要既做战略看方向，又做战术定规划，还做执行"上战场"；铁三角里的每一个人，互有分工，互相配合，是一个高效战斗的小团队。

上海是 Uber 在中国拓展业务的第一个城市，由三个人组成，总经理老墨，市场经理朱迪，以及作为运营经理的我。加入这个铁三角团队，我颇经历了一段快速而剧烈的变化适应过程。你可能听说过 Uber 的宣传语"每个城市都是一个创业公司",必须承认,铁三角成员的职责的确很像在经营一家创业公司。除了产品是已经成型的,其他所有的事情都需要铁三角去开拓。

市场定位在哪里?品牌定位怎么做?去哪里找到第一个用户?用什么样的法律结构去和司机合作?预算怎么分配?等等。解决这些问题虽然困难,但是对于已经有了多年商业经验的我们来说,还算是和过往的经历处在同一个领域,而真正让我适应了好长一阵子的,是从大公司完整的配套支持转变到这种"创业"时什么都得自己操心的状态。办公室租在哪里?怎么付费?工资怎么发?社保怎么交?办公室卫生怎么打扫?这些东西都没有人能帮我们,只能靠铁三角自行解决,卷起袖子干起来。所以,我常套用知乎的句式打趣自己:做铁三角是一种什么样的感受?就是既要像CEO一样想战略,又要像COO一样执行,还要像物业大妈一样把地给扫了。

我初加入Uber的时候,路上只跑着十几辆Uber的车子。最开始的几个星期,我每天在后台盯着这些车,每个司机的名字和车型我都能背下来。但很快地,铁三角的发动机开动起来,带动了业务的增长,全国多个城市的铁三角们相继启动,队伍规模不断扩大,仅仅用了两年的时间,Uber中国团队就做到了全国周订单4000万单的规模。

能够做到这样的快速增长,与去中心化的铁三角架构不无关系。

在抗日战争末期,为了解决被敌人利用优势火力压制的问题,八路军军事将领提出了"三三制"和"一点两面"的战术原则。其中,三三制指的就是以三人战斗小组构成最小的战斗单元,战斗小组内每名士兵分工明确,分别负责进攻、掩护、支援,在战斗单元之上也构建类似的结构,三个战斗小组组成一个战斗群,小组之间灵活变换位置,每一层次的战斗单位按照分工交替掩护,层层推进。

三三制在解放战争期间被广泛应用,为革命的胜利立下了汗马功劳,并在抗美援朝战争中发挥了巨大作用。

三三制的排兵布阵在陆战中有巨大的优势:

首先,变换灵活。根据不同的任务,可以有不同的兵阵图:正三角、倒三角、左中右等,每个人的角色也可以变换,在实战中可以快速流畅地变换阵形。当一个战斗小组的一部分人伤亡之后,剩余的人可以迅速调整分工,继续以团队形式作战。

其次,指挥方便、沟通成本低。相对三三制而言,四边形的编制庞大,指挥层次多,兵力有浪费,三人的小组是指挥、沟通方便,又能形成完整结构的最小单元,容易形成合力。

第三,避免一次性损失过大,可快速试错。在三三制里,人和人之间、组与组之间把握合理的较为松散的距离,能避免一发炮弹干掉整个小组,最大程度减少不必要伤亡。

第四,指挥权下放。1个军辖3个师(旅)及配属部队,1个师辖3个团及配属部队,1个团辖3个营,1个营辖3个连,1个连辖3个排,1个排辖3个班,一层层的三角形结构确保了指挥权下放的稳定性和分散性。

与军事上运用的三三制战术相似,Uber的铁三角也是一种高度灵活的架构。

经历了在Uber里面"打仗",以及了解了身边一些公司的案例后,我愈发感觉到三三制是一种非常适合现代互联网式商战的排兵布阵方式。三个人的数量不多不少——如果是四个人,沟通的简单顺畅程度就会大打折扣;如果是两个人,功能分配又会不完整,人手也不够用。在团队之内的协作上,三个人可以做到最大程度的灵活。以Uber城市铁三角为例,虽然各自有分工,但是铁三角中每个人的职责边界并不是那么严格的,任何一个人牵头的事情,都可以把其他两个人作为手下去调遣,一旦团队中有人遇到困难,可以随时调遣另一人去补足,所以每个人其实都做过供给端,做过需求端,做过市场,也做过支持工作。在团队之间的合作上,每个铁三角成员都有各自擅长的领域,在城市间配合的时候能够做到各有侧重、优势互补,在竞争激烈的时候,能够做到在快速反应的同时,协同作战。

据专家说,三角形的结构是最有利于分权的结构,三三制的结构能够让决策权最大限度地下放到各个层级。果真如此的话,在互联网时代越来越扁平化的组织结构中,三三制无疑是一个非常值得探讨的架构。

三是一个神奇的数字。在几何学、物理、化学里,皆能够找到三角形稳定的例子。很奇妙的是,很多事情都最终指向一个最简单的原理,东方的战术、西方的商业、古代的哲学、现代的互联网、数学、化学、生物，一切都在此处交汇了。

当我回顾在Uber的这一段经历时，就能持续地在实战中看到三角式的城市结构和三三制的排兵布阵如何在分享经济这个高度灵活和自治的商业领域里发挥作用、帮助Uber中国在商业战场攻城略地。我相信，基于这个逻辑的组织架构，会让更多的企业在越来越变幻莫测的市场中取胜。

　　关于Uber铁三角的传说很多，但事实上，使用三人小团队结构的企业远远不止Uber一家。举个例子，有一家业内领先的互联网服饰品牌采用的也是类似的去中心化结构，而且无独有偶，团队数量也是三个人。这间公司采取的是品牌孵化模式，即每年根据热点孵化十几到二十个品牌，每个品牌由一个三人小分队负责，小分队被授予几乎全部的运营决策权，完成几乎所有的运营工作，包括选款、品牌、运营促销等环节。这个小分队研究热点，追随热点，掌控品牌的生命周期。如果品牌做成功了，就持续完成生命周期；如果品牌没有成功，就把团队拆散，并入其他的三人团队。由于服饰行业的周期越来越短，趋势变化越来越快，这样的组织架构确保了该互联网服饰品牌有足够的灵活度去追逐瞬息万变的热点，保持公司整体的竞争地位。相对于传统服饰行业的长研发周期来说，三三制在这间公司的运用很好地助推了服装这个传统行业的互联网化。

寻找中国第一批Uber司机

当分享经济尚未被世人接受的时候,在上海一间破旧的房屋里,我们作为Uber中国的第一个铁三角,开始寻找第一批司机。

让我们把时针拨回到2014年年初,那个时候,"分享经济"这个词对于中国民众而言是一个完完全全陌生的概念。"住的分享"的代表Airbnb(空中食宿)和"行的分享"的代表Uber才刚刚在美国兴起,分享经济在全世界范围都是一个刚开始流行的新概念。在中国,当时Airbnb的业务量非常少,出行的手机APP还局限在出租车业务上,只有少数前沿的互联网媒体写专题文章介绍过分享经济这个新生的事物,而文章总是会落脚在这样的结论上:中国人之间缺乏信任,因此缺乏发展分享经济的基础。

在这样"不那么有利"的社会环境之下,我们这一群Uber的先遣小分队成员们,成了"第一个吃螃蟹的人",开始了对分享经济的探索,开始研究怎样在中国做分享经济。

那是一个乍暖还寒的初春。在上海静安区的一个小小的创业园区独栋的二楼，有一间不到20平方米的办公室，里面是两张简陋的大白桌子、一个简单的宜家黑色柜子，凌乱的桌面上摆着三台苹果电脑，白墙上没有任何装饰，一切的一切，都无法让你联想起Uber这个之后以"逼格高"而蜚声全国的品牌。唯一有点性格的是窗边那个艳绿色的沙发，那是萨姆留下来的（萨姆是拓展组成员，他在招募到上海当地的团队以后就已经撤离，到新的城市去继续拓展了），它优雅地躺在角落里，高傲冷艳地看着不修边幅、日夜无休的我们三个人，仿佛在提醒着我们：这间公司据说来自居于全球科技界顶端的硅谷，那里有一群据说很牛的同事。

简陋的不只是办公室，还有我们的生活。每个周一早上，快递小哥都会往办公室里运来四大箱从电商平台上买来的零食，每一周的零食都是重复的：饼干、杏仁、海苔片、雪饼。极度的忙碌让我们压根没有时间吃正餐，这堆垃圾食品就是我们一周的口粮。当然，这种极端的生活状态没有坚持太久，我就累出了严重的眼部过敏症，持续了一个月都没治好，于是在老妈的威胁下，我开始每天中午抽十分钟吃正餐。

在这样"茹毛饮血"的原始时期，我们最重要的任务就是寻找司机。

所有的分享经济都是供给侧驱动的。有了供给，才有乘客。所以，找到司机，是每个城市业务的起点。表面上，这个城市满大街跑的都是司机,但我们要从哪里入手呢?去大街上扫街肯定是最简单直接的方式。但是,铁三角只有三个人,负责供给端的,只有区区一个人——那就是我。简单计算一下自己的时间在不同运营任务中的分配,再简单计算一下去街上扫街的投入产出比,就能发现这不是件划算的事情。

于是,我必须去找到更加巧妙的方法,去寻找、撬动和嫁接一些资源。

最接近这个行业的人是谁?谁是掌握着大量司机信息的节点式对象?顺着这样的思路,我们找到了汽车租赁公司。那时,上海存在着大大小小数千家汽车租赁公司,大到拥有几万辆车子的巨型国企和上市公司,小到只有几辆车子的小公司。它们的主要业务是提供单位长租车、活动包车和婚车。这些租赁公司,就是可以去突破的节点式对象。

当"通过APP预约出租汽车"这么一种新鲜的业务出现的时候,租赁公司不容易接受,说服教育成本很高。所以一开始,我们干脆直接从租赁公司整租下来车子,按天付费,让他们在路上趴着接单,即使没有单子,也要在APP里上线,随时待命。这种做法,一方面是提供稳定的供给,让刚接触新事物的用户能够打到车;另一方面,也让租赁公司和司机实际体验一下这种新的租车形式,之后更加容易接受真正的Uber模式。

但是,一直都整租是行不通的,成本太高了,也不符合分享经济的本意。于是,最早的一批城市相继说服租赁公司做零工,也就是,不给固定租金,接多少单,拿多少钱。

走到这一步,对租赁公司来说就是一种新的业务模式了,从整租变为零散租赁,从确定性的收入变成不确定性的收入,长久以来,租赁公司习惯于整租,每次出租至少租一整天,8小时以内可以等待乘客,但是每次只服务一个乘客。零租在他们看来是不划算的买卖,是否会空驶、是否有下一单、全天收入是否确定,都是他们从来没有面对过的问题,大多数租赁公司认为,这种分成模式会让自己亏本。

是的,一开始,租赁公司确实可能亏本,但是等到后来Uber的规模变大、模式跑通的时候,是非常赚钱的。在Uber和分享经济起飞的过程中,有的租赁公司抓住了机遇,坐上了火箭,而更多的租赁公司因为保守而错过了机遇。其中发生的事情,相当得有趣:

不同的租赁公司对我们提出的分成模式的不同反应,让我短时间内接触到了不同经济形态的现实差异。

国企是一块绝对不可撼动的坚冰,其中虽然有一些思维灵活的员工,但他们也对体制无可奈何;几家港资的汽车租赁公司是服务质量最好的,他们的管理水平和人才专业水准可以说是无可比拟的,但是,操着生疏普通话的香港管理层对大陆的新生事物缩手缩脚,而对香港总公司汇报的流程又让大陆的管理层束手束脚,只能遗憾地错过了机会;真正有活力的,是民营企业,中等规模的民企老板经验丰富、胆识过人,对产业链商机的把握和资本市场娴熟的操作手法让我这个曾经的资本行业专业人士佩服得五体投地,小型的民企也充满活力、敢于尝鲜,对新生事物的态度非常开放,学习速度非常快。

不过,大企业毕竟掌握着最多的资源,搞定一个,就意味着有了数千数万的车辆供给。为了吸引大企业,我们绞尽脑汁想到了卖点:把车子放到Uber平台上,可以充分利用每一辆车的闲暇时间,租赁公司的车辆资产本来一天只用8小时,但现在可以8小时以外继续放在Uber平台上运营,将资产使用时间从8小时延长为24小时。这对于大公司确实是一个价值点,但很快我就发现,这无法转化为大公司员工的KPI。大公司已经形成了固化的绩效系统,而这种新兴的事物,不可能这么快被设计到员工的绩效体系以内,新生事物即使对公司整体有利,若不激励员工去推动这件事情,这生意也做不成。

于是,民企成了我的主攻对象。

在诸多小民企里面,有一个民企和Uber上海发生了千丝万缕的联系,可以说是乘上了Uber上升期的东风,从而改变了发展道路,其中的欢笑血泪和恩怨情仇甚至可以再单写一本书。就让我在这里先简单地说说这家民企的故事吧。

老夏是一个开了二十几年车的老司机,江苏南通人。他原来是跑货运的,后来越来越有经验,就买了一辆中高档轿车,给老板开车。和所有怀揣着中国梦的人一样,他离开家乡来到上海,希望在这个每天都有造富神话诞生的城市里,掘到自己的黄金。他没有上完高中就开始了司机生涯，除了开车以外，并没有什么其他一技之长，凭借着多年的驾驶经验和一帮同是江苏来的司机兄弟，他开了一家小小的租赁公司。在上海汽车租赁行业，一个江苏人开的公司总是被本地人瞧不起，被扣上"外地人"帽子的老夏活得并不容易，他拿不到什么好的业务，只能辛苦地跑些别人剩下的零单。

与Uber的结缘，让老夏咸鱼翻身。一次机缘巧合，老夏从自己供职于大公司的司机伙伴那里得知了Uber，于是他找上门来，希望与Uber合作。通过了资质审核之后，他成为了Uber最早的合作伙伴之一。当上海人还在嫌弃着Uber平台不够档次的时候，"外地人"老夏可顾不了那么多，通过Uber这个新型的、公平的、互联网化的平台，他突破了外地人身份限制，可以和其他人平起平坐地获得生意来源。用了没多久时间，他已经赚到了一笔小钱，并且嗅到了其中更大的商机。他开始招募更多的司机，规模从最初的几个人扩大到上百人，巅峰时期，他的司机占Uber上海整个司机供应量的大半壁江山（这也带来了一些垄断问题，后来被分散化策略化解了）。

业务的扩大急剧地拉动了老夏的成长。很快，他自己不开车了，专注于拓展司机，并找了一两个兄弟来帮他。当公司做大以后，老夏的受教育程度就成了进一步发展的瓶颈，因为他老是算错账，让他公司里司机们的收入成为一笔乱账，我每天都能收到一堆来自他公司的司机投诉。于是，我就像小学班主任一样，坐下来一边批评他，一边手把手地教他算账,还做了几个自动算账的小工具给他用。老夏是个踏实肯干的人,他拉着他的合伙人一起,硬着头皮开始学算账。一开始,计算这些绕来绕去的数字困难得仿佛要了他的命一样,但经过反反复复的练习和各种实战的题目,最后他好歹能够把账目弄清楚了。

业务做大了之后,人的问题也接踵而至。来自Uber平台的收益日渐递增,越来越多的人发现了这个隐藏的金矿,一个和老夏合伙的兄弟也不例外。于是,合伙人掰出一些历史问题,和他闹分家,兄弟就此反目。这一闹可好,对方沸沸扬扬地带着几十个兄弟闹事,双方差点到了火拼的程度,互不相让。掰历史问题,掰道理情义,却怎么都掰不清楚,越说越复杂,越说越理不清楚,只好到我这里来讲理。

那是一个阳光非常猛烈的下午,几个彪形大汉把我拉到天台上,双方各自摆出道理,要求我主持公道,代表平台表态。他们在我面前争执不下、一触即发,这阵仗我这辈子都没见过,可把我这个温室里长大的小女生给吓坏了。我颤颤巍巍地拽上上海总经理老墨一起去调解,我们两个人一边故作镇静地主持大局,一边心里面不断发颤,生怕他们争执得太激动了,中间抽出一把刀来。

在调解的过程中,我和老墨反复地告诉他们:不要只盯着眼前的几十个司机是你的还是我的,这是一片蓝海,有几十万的司机空间可以被发掘,在这里争执,不如多花精力去发掘更大的蓝海。经过调解,他们最终接受了分家的方案,而确实,这片蓝海后来让分家的双方都发展到了以前的数倍规模。

我不能说老夏有什么独到的战略眼光,他也许只是一个机会主义者。但他真正抓住了这一波分享经济的风潮,并成为最大的受益者之一。能够一路帮助、见证他成长,对于我是一段收获颇丰的过程,也是无比快乐的经历。

等到我快离开上海去负责全国运营相关业务的时候,老夏这个曾经被人瞧不起的外地人跑过来向我道别,他一脸骄傲地跟我说:"你们什么时候在苏州开通业务,一定要第一时间告诉我,我已经在那里开分公司了。"

在郑渊洁的童话里,有一句话给我留下了很深的印象:"铁饭碗的真实含义不是在一个地方吃一辈子饭,而是一辈子到哪儿都有饭吃。"

这句话来自长篇童话《奔腾验钞机》,童话讲的是通过六张钞票的视角去观察人间百态。这句话出现在其中一张五元人民币的故事中,讲的是一对即将结婚的情侣,女生为了钱而劈腿嫁给一个假富豪,分手之时把两人共同存款里属于男生的五元钱还给男生,男生受到极大刺激,靠这五元钱创业成为了千万富翁。男生开创的公司是一个猎头公司,他秉信的理念是:人才是公司最重要的资产。凭借这一理念,他扭转了很多公司对人力资本的观念,也帮助很多公司在商场中取胜。

不得不说,能在孩提时代读着郑渊洁对人世的犀利观察而长大,是一件幸运的事情。

从铁饭碗的传统里泡大的人们,在市场经济、分享经济时代的快速交替中,经历了观念的快速更迭。但我们看到,人们的适应速度是非常非常快的,一点启发就能自我推演,一个具有生命力的规则一定是顺应人性和历史潮流的。

降低门槛：激发每一个人的内在动力

老夏赚了第一桶金之后，他不满足于现有规模，打算自己购置一批车辆。他四处找关系，把上海的每一家4S店都跑了一遍，终于和某一家位于郊区的4S店谈到了非常优惠的价格和条款，但资金短缺的问题让他愁眉不展，他三天两头跑来找我大吐贷款难的苦水。于是，我开始寻找各种资源帮助他贷款，大银行、融资租赁、P2P平台、4S经销商，谈了一圈下来，彻底体会了民企贷款之难，成本低的资金根本不把这个规模的小民营企业看在眼里，愿意做这块业务的资金则利率高得惊人，其中的流程也是让人掉一层皮：资质认证、担保材料、财务数据……

帮老夏跑贷款的过程让我意识到，Uber的业务想要发展壮大，必须降低门槛。于是，我一边做着汽车金融业务的尝试，一边和小伙伴一起开始降低门槛，创造新的合作模型。

老夏的成长，尤其是兄弟分家的过程启发了我：合作的租赁公司可以是更小的单元。于是，我试探和自己混得最熟的一批司机，问他们是否有意愿自己出来做公司。这对于司机来说，是很难迈出的一步，毕竟，在公司的庇护下，不用担负很多的风险和麻烦。他们长期以来习惯于拿死工资，收加班费，杂事由公司操持，上班好好开车、下班安稳睡觉，这是非常舒服的生活。但给自己打工就不一样了，所有老夏承担的那些麻烦都要自己承担，算账要自己算清楚，有了问题要自己想办法解决，不能依赖公司。这无端多出来的麻烦，让很多司机露出了非常犹豫的表情。但是，任何麻烦都敌不过足够的激励，我给他们算了一笔账，自己做可以赚多少、给公司做可以赚多少、多出来的麻烦究竟有哪些，清清楚楚列示出来。在不断的启发和引导下，司机们明白了自己如果单独做，比拿租赁公司的抽成，收入要高很多。重金之下必有勇夫，有那么几个最老的司机动心了。

王叔叔是一个大型租赁公司的员工，他做了一辈子的司机，再过个几年的时间，就可以退休了。他是一个高高大大的男人，走起路来却有那么点驼背。他整天总是笑嘻嘻的，想提出什么需求的时候，总会低下头笑一下，然后用一种开玩笑式的试探口吻说出来，和你谈事儿谈到最关键的时候，总会小小地犹豫一下，说要回去问问老婆，这或许是上海男人的天性。

面对我提出的开公司的引导，他一开始非常谨慎，当我说服到第N次的时候，他心里动摇了，说回去问问老婆。几天以后，他回来找我说：

"好啊我试试看吧，你可要帮我啊。"

第一次开公司就像第一次娶老婆一样，充满各种谨慎。公司名字思前想后，王叔叔像给小孩取名字一样，列了一个长达十几个候选名字的列表，三天两头在微信里问我，让我帮他选一个名字。这个名字寓意好但是绕口，那个名字太保守不够有胸怀，好不容易选中了一个，去工商局一查又重名了，光选名字就选了将近一个月时间。那时十八届三中全会刚刚结束，国家放松了对注册公司的限制，大大简化了程序，包括注册资本验资等等，但注册公司的过程依然搞得我们焦头烂额，每个区的优惠政策都不一样，工商注册中介水又很深，连发票机这种没什么技术含量的物件都要花好几千块。王叔叔几度想打退堂鼓，说实话，连我都曾经嫌麻烦到快要坚持不下去了。不过，我和他最终互相鼓励着一起走完了开公司的流程。

吭哧吭哧地，公司总算建起来了，王叔叔拉了三五个兄弟一起来做。他做事情非常细致，每个加入公司的兄弟，他都发了一样的领带；每周列出谁表现最好、谁表现不好，表现最好的他自掏腰包给予奖励。到了世界杯期间，整个城市都是半夜出行的人群，我想测试球赛期间的需求情况，王叔叔自动请缨，带领一个"机动部队"，白天睡觉，专做晚上的单子，大赚一笔完工以后，还带大家去吃夜宵。王叔叔对公司的管理仿佛无师自通，他没有学过什么管理课程，也不懂什么高深理论，但只是一份细心和一份对兄弟的真诚，就让他的兄弟们成为了Uber当时表现最好的一批司机。他的公司规模一直不大，从未超过10个人，但大家很开心，一直是一个团结的集体。

几个月过去，等到2014年10月，我又和他见面，和他探讨加入更多车子的事情，他告诉我："可以啊，没问题，但是等到三周以后再来找我吧，我攒了一笔钱，要和老婆去美国旅行。"我很开心地目送他离开，金黄的梧桐树下，他不再弓着背，我看不见他脸上的表情，但可以想象出他灿烂的笑容。

帮王叔叔开公司的过程让我意识到，如果要把"车的分享"市场做大，必须把个人加入的门槛降低、流程做到最简、成本降到最低。那段时间，人民优步这一战略产品在全国上线了，我和其他城市的团队反反复复地研究和探索了各种方案，最终确定了最小成本的最完备的方案，在这个方案下，人们所需要付出的额外成本，就是自己上传法律证件，填写好银行支付信息，参加培训。一开始，三个步骤还是完全在线下完成的，但与这个流程相配合的线上产品很快就做出来了，在那之后，一切报名手续都可以在线上非常方便地完成，为Uber的快速扩张奠定了基础。

大多数人都渐渐习惯了自己为自己负责、自己承担自己的责任。但并非每一个人都愿意有自主性，我也遇到过一些依赖性较强、不敢于为自己的行为承担后果和责任的人，这一类人我们通常建议还是加入租赁公司为好，会赚得少一些，但需要担负的责任也少一些。

　　自由意味着更多的收益、更多的自主性，但也意味着更大的责任，自由和责任总是成双成对出现的。人们总是期待有很多的自由，但却忽略随之而来的责任。在一开始，我非常受这个问题的困扰，每天都有很多司机来找我，为某个他们自己做的事情找点借口，明明是自己决定要做的，但是一旦结果不理想，就想推脱给平台、推脱给别人，期待别人去承担损失。对此，我的原则也是明确的，平台的规则对所有人都是一致的、透明的，每个人要为自己做的决定承担后果，享受了自由做决定的好处，就要承担决定的后果。渐渐地，大家习惯了；渐渐地，责任感的提升倒逼了人们的行为，整个司机社群里每一个司机的决定和行为，都变得更加的严肃而负责，人们真的开始沿着平台规则去开动脑筋，去想着怎样才能提供更好的服务、怎样才能获得更多的单子、怎样才能获得更好的收益。人们眼里，真的开始出现了光亮，创业家般的自发、自主的光亮。

　　2015年4月，Uber一周年庆典的时候，一位从上海调离到别的城市的同事回到上海参加庆典，他是一个摄影爱好者，他为那天搭载他的Uber司机拍了一张照片，并放在Instagram（照片墙）上。我看到照片，眼睛一亮：这不是赵师傅吗？几个月前，当他作为租赁公司的司机加入平台的时候，他刚到上海，他的眼睛里全是懵懂、害怕与紧张。但他又是以勤奋闻名的司机，每周的最勤奋排行榜上都有他的名字，乘客表扬信里也总有他的事迹。当他成为个人司机以后，整个人焕发了活力。照片里的他,在上海四月梧桐的新绿下,站在他擦得铮亮的车边,双手交叉在身前,笑容满面,他的眼睛里闪亮着快乐,还有带着一点点羞涩的自信。

眼神里明亮的灯火,是无法伪装的,它在每一个司机的眼睛里被一盏一盏地点燃了。

2013年,当我申请MBA的时候,有一篇斯坦福的命题文章让我写得很痛苦:"What matters to you the most?Why?"(对你来说最重要的是什么?为什么?)我前前后后写了不下20种答案,但还是没有满意的。作为写申请材料的调剂,我写了一篇科幻小说,里面描述了一个南极的政权带领人类实现不可思议的技术跨越,最后移民外太空的故事。实现技术跨越的,是一种教育方式,其内核非常简单:激发每个人的内在动力。

三年之后回想起来,这篇科幻小说其实回答了斯坦福的问题,而我其间不断做出的选择、做出的决定,都是顺着同样的驱动力。

我是幸运的,Uber所运营的是一个分享经济的群体,这是一个经济的群体,也是一个意识形态的群体。而我得以站在上帝的视角,去观察这个群体,我做出的决定,影响了一整个群体的走向。我只是一个小小的个体,却能够改变这么大一群人,这是一件无比有趣和幸运的事情。

一年半的时间,在各种力量——资本也罢、商战也罢、技术也罢——的推动下,车的分享迅速上位,而我也幸运地经历了一个浓缩社会变化的过程。我迅速地经历了不同的经济形态在社会中的种种表现,迅速地认定了个人必定是驱动社会的主流,迅速地改变业务模式以帮助和推动个体的崛起,迅速地看到结果,又迅速地根据结果做出更进一步的推动。一步一步地,大公司被破除了,人们颤颤巍巍地走出了独立的第一步,很快地适应了新的角色。

我所看到的这个群体,正如我在科幻小说里描述的那样:"见证这一切是很幸福的事情,你能看见每一个人的眼里有一点小小的火种逐渐燃烧起来,酒吧里人们讨论的不再是女人和投机,而是新的机会和可能。在极夜的日子里,人们眼里的光亮点亮了夜空。"

最让我有成就感的,是帮助一个个人,当我逐渐看到他们内心的动力被启发的时候,能够感到无比的快乐。当门槛被降低,当人们被推动,这种力量仿佛有了一种势能,一发不可收拾。这种力量,是一种从根本上激发中国社会活力的力量。分享经济对中国社会的最大贡献,莫过于此。

获得分享经济的种子用户

"第一个吃螃蟹"的供应商找到了，那么，谁是"第一个吃螃蟹"的用户呢？

向用户推广分享经济，可不是从"分享经济"这么高大上的概念开始的。道理很简单，用户不会因为你是分享经济的领军企业而用你的产品，用户只在乎你给我带来什么价值。用户或许会被你的概念打动，但是掏钱就是另外一回事了。

Uber的第一批用户来自老外和时尚界人士。分享车子和出租车相比，最大的区别就是车况更好、乘坐更舒适，这恰好命中了对生活品质更有要求的老外和时尚界人士。而且，老外和时尚圈的人对前沿潮流更加关注，他们几乎都听说过Uber，并且认同这是个更酷的东西，再加上这个人群自带KOL（Key Opinion Leader，关键意见领袖）属性，便于传播，于是这两个人群就当之无愧地成为了我们市场切入点。

那么,到哪里去找这两类人群呢?Party(聚会)。

江湖上有传言,Uber是一个Party School(派对学校),此话并不假。在Uber最初的一批员工中,投资银行家和时尚界人士占了大半壁江山,这两类人群的派对基因,绝对是顶尖的,努力工作、努力玩耍(Work Hard, Play Harder)的工作生活方式,在Uber得到了最好的诠释。

在加入Uber的第一个周末,我就得到了这辈子第一次和时尚界亲密接触的机会:作为活动协办方之一参加上海时装周。一排排冒着气泡的法国香槟,一排排艺术品般美丽的甜品。一个个衣着时尚的俊男美女在印刷着时尚品牌标识和Uber标识的背景墙前拍照,各种姿势,各种角度,各种单人双人多人照……那一晚的微信朋友圈和时尚公众号,就是被这样的照片刷屏了。颇具摩登意味的T台,带着点爵士意味的节奏音乐,鱼贯而出的模特,长枪短炮的媒体。这是我从未接触过的场合,但日后却成了我的日常。

秀开始得很快,结束得也很快。直到坐上回家的Uber车,我的脑袋在香槟的作用下依然有一点晕乎乎的,节奏猛烈的音乐似乎还在耳边回响,血管里残留的酒精还在热烈地发挥着作用,眼前飘过的梧桐树影在昏黄的路灯下显出些许的模糊,车窗外飘过一个个蒙太奇:穿棉袜凉鞋的洛丽塔,着丝裙绿棉袄的御姐,卷发的吸血鬼爵士,大烟熏的士兵,挥舞着大红花的青蛙,还有石库门的冷静和疯狂。那一刻我明白,Uber带我一脚踏进的,注定是一个光怪陆离的世界。

这里是上海,这里是Uber,这里是纸醉金迷,这里是浪潮的尖端。对这一切,我是一个初来乍到的孩子,开始了对这个光怪陆离的世界的探索。

你好,世界。

跟着不一样的人,你会认识不一样的城市。今天我依然认为,认识一个城市最好的方式,就是跟随Uber最早的一批市场经理的脚步,无论是上海,还是北京,乃至于我因着Uber而熟悉的成都、台北、首尔、旧金山、阿姆斯特丹……每一个城市,因为有了Uber小伙伴的带领,而变得魅力无穷。Uber的市场经理们,永远是各个城市中最时尚的达人,他们往往成长于这个城市,同时有着丰富的国际经历和广泛的潮流触角。上海的第一个市场经理朱迪曾经混迹纽约和上海的时尚圈,她总能把我们带到城中最潮的派对和最新的吃喝玩乐地。我跟着朱迪的眼睛开始认识这座城市:沪上最潮的创意市集,外滩顶楼俯瞰整座城市的夜店,黄浦江转角处可以一眼拥抱外滩和陆家嘴盛景的餐厅,法租界里静谧的阳光早午餐,Vogue Fashion's Night Out(由《Vogue》杂志举办的摩登不夜城活动),居然全是老外的川菜馆,夏夜疾驰的橘黄色捷豹跑车。我曾经无数次到访这座传说中生活和享受气息浓郁的城市,但直到遇见了Uber,我才真正遇见了这座城市。

从此,我的世界被分成了日场和夜场。每当夜幕降临的时候,这个城市褪下规则严谨的外衣,透露出身体深处的十里洋场,爵士的靡靡之音响起,红酒一瓶一瓶开启,戴领结说英语的侍者熟练地穿梭在一桌桌兴致高涨的宾客之间,打扮精致、唇膏艳红的女子在觥筹交错中递送着闪烁的眼神,交杂着英文的上海话小声传递着这座城市引以为傲的情调。我们也切换到了夜场模式,啃完饼干,抹一抹嘴边的饼干渣,穿上灰姑娘的水晶鞋,换上小洋装,到各种饭局和Party上去推广Uber。

　　Party是活色生香的,但我们混Party的任务可是推销,充满了一把鼻涕一把眼泪的心酸。首先,推销真的很无聊,套路几乎一模一样,先主动去找人搭讪:"听说过Uber吗?"对方或是露出惊讶的表情:"上海也有Uber了?"又或是露出疑惑的神情:"Uber是什么?"接下来,介绍Uber比出租车好在哪里,什么时候可以用,在上海的覆盖、服务和收费,留下优惠码,叮嘱"今晚回家一定要用哦,重要场合的时候也别忘豪车一把哦",然后扑向下一个目标。每次的话术一模一样,以至于自己都腻得想吐。这种推销是锻炼脸皮厚度的最好方式,名校毕业的我过去难免会有些小优越感,一辈子都是"你不搭理我,我还不爱搭理你呢",但这么一圈推销走下来,冷脸见多了,高傲和架子就彻底没了。那时,Uber真心是一个名不见经传的小品牌,大多数人都懒得搭理,听完介绍就算是给面子了,如果对方当场没有下载,回家之后再去下载使用的实在是小概率事件,往往要我带着他们现场体验一遍,才真的使他们印象深刻。为了吸引别人注意,各种谄媚拍马都要用上。曾经在一个颁奖典礼的派对上,我搭讪一个N线小明星,众星捧月的对方压根就懒得搭理我,面对对方冷到零下五十度的脸和已经翻到月球上的白眼,我厚着脸皮无比鸡血地把Uber介绍完,就识趣地退回十米之外。

Uber中国的早期员工有一个流传自美国的传统,但凡团队去一个地方吃饭或团队建设,就一定要把这个场子里的所有人都变成Uber用户,不论当时是什么情况。所以,我们经常吃饭吃到一半,就直接冲到隔壁桌去介绍Uber,或者结账时候要求服务员介绍餐厅老板,跟餐厅谈谈合作。这种非常激进的不放过任何机会的做法,让每个员工在任何场合都不断想方设法地拓展用户。滴水石穿,我们渐渐发现,有更多的隔壁桌知道Uber了,甚至经常偷听到隔壁桌自发地讨论Uber这个新兴事物了。这时候,我们总是一边交换着偷笑的表情,一边心里美滋滋地享受着自己点滴积累的喜悦。

正是这种笨笨的方法,让我们积累了最初的一批核心用户。那时的我们全都扮演了高级客服小妹的角色,微信里加了一堆模特、设计师、大使夫人、传媒界人士、高尔夫球场老板等人物,但凡他们坐车遇到一点点瑕疵,我们都需要快速地、事无巨细地亲自安抚和解决。通过周到体贴的服务,Uber高质量的口碑在核心用户圈里积累起来了,这些KOL们开始晒他们超出预期的Uber体验,为日后爆发式的口碑传播奠定了基础。

等到半年以后,Uber开始做一款低价产品"人民优步"。彼时,口碑和核心用户已经积累得相当充分。于是,当人们发现可以用比出租车还低的价格坐到传说中高大上的Uber时，市场一下子就如火山喷发般爆发了。

　　分享经济是一种全新的经济形式和产品体验，它将服务的供给方由大机构变成了个体，而个体供给方的缺乏背书、用户对个体供给方的缺乏信任，让用户的尝试需要跨越更大的门槛。因此，相对其他传统产品和服务，说服第一批用户尝试分享经济产品，需要花费的成本是相当高的。

　　而最初的用户积累好了以后，放量一定是靠便宜。很多人都会自我陶醉地想象自己的产品非常独特，卖高价也可以获得很大的市场，于是不肯放下架子，坚持高冷的高价战略。但是，便宜永远是做大市场的不二原则、口碑传播的最强动力。其实，免费／便宜这个原则，在互联网诞生之初就已经确立了，如果不是雅虎颠覆了传统IT行业卖一份软件／账户、收一份钱的商业模式，让所有人免费用上互联网，可能至今互联网也只是一个小众产品，不可能成为基础设施级别的存在，免费／便宜可以说是互联网界的第一性原理，反其道行之，除非有很强的理由，不然很难爆发起量。

　　以上两点总结起来，卖东西就是要面子给足，里子够便宜，做到格调够高，足以炫耀；又够便宜，私下消费得起。

销售也是一门学问。推销着推销着，我逐渐从卖产品变成了卖自己。我发现，其实大多数人开始尝试Uber这个陌生产品，不是因为我介绍的Uber足够好，而是因为他们信任我。于是，后来我转变了销售方式，让人们在喜欢上Uber以前，先喜欢上我。这个做法让我的销售成功率高了很多。要是用时下最流行的词汇来解读，那就是"网红营销法"。

这也许是这个时代里不可避免的趋势，当互联网打破了机构对信息的垄断之后，个人会逐渐大于机构、大于产品，个人会越来越成为任何环节中最重要的元素，脱离组织、成为独立存在的单元，个人的个性将超出组织而存在，以个人为主导的销售方式，越来越有效。现今流行的网红也罢、分享经济也罢，无不追随着这个趋势。

品牌建设从0到1：从屌丝到贵公子的逆袭之路

初创公司要不要做品牌？

这个问题很容易得到一个拍脑袋的回答：当然要啊。你会得到很多听起来无比正确的理由，比如品牌价值，比如品牌区隔度。但真实世界总是很现实的，创业公司缺钱，而做品牌意味着花一大笔钱，关键是，花在品牌上的钱，是没有办法追踪效果的。

初创公司做品牌，的确不是一个可以简简单单拍脑袋做出的决策。如果要做，创业公司必须使用"巧劲"，找到四两拨千斤的低成本方式，用创始人个人品牌带动公司品牌是很多人采用的方式。Uber中国最令人印象深刻的成就，就是它时尚、高格调、有创意的品牌形象和品牌活动，而这么多优异的成就，都是以非常低的市场预算做出来的。这背后又有些什么故事呢？

在人们的眼里，Uber是一个含着金钥匙出生的孩子，从第一次在世人面前亮相开始,就始终和各种高大上的名词联系在一起,仿佛"高大上"这三个字,已经写在了它的骨髓和汗毛里。

但真相是,Uber中国在出生的时候,家境贫寒,没有显赫的家室也没有很牛的干爹,它走过了一段艰难逆袭的路,才从一个屌丝变成了人们眼中光鲜亮丽的盖茨比。

在一开始,Uber的市场活动几乎是没有预算的。这把我们铁三角给愁坏了。本来就是一个名不见经传的品牌,没人愿意带你玩,结果还没有预算,这要怎么做啊?简直是不可能完成的任务。

所以,我们没少吃闭门羹。

最初,我们依靠各种私人关系去试着谈一些合作,但这么谈下来的,都是一些不痛不痒的小合作,真的有价值的背书,肯定得谈钱,中间联络过的明星、大活动、大品牌的合作,都因为缺钱而流产了。

记得当时,我们试图联络一些品牌形象较好的车厂,看看能不能合作玩一些有趣的事情,说难听点,就如屌丝巴结豪门,连人家的门朝哪个方向开都找不到。有一次,我们好不容易联系上一家外资品牌,带着精心策划的方案上门拜访,却发现对方只是车厂的中介,连乙方都不是,指不定是丙方丁方,对方趾高气扬地说了一堆条件,当我们试图介绍自己的品牌和在硅谷的受欢迎程度时,对方一脸迷惑,仿佛我们是不知从哪里冒出来的骗子公司,而一听到我们没有预算,对方顿时失去了耐心,根本无心听我们解释创意方案,直接就结束了会议。

我们被灰溜溜地赶了出来,站在路边,我们一起发誓,一定要把品牌做大,让这些人回来求我们合作。

后来,特斯拉出现在了我们的视野里。

那时候,特斯拉 Model S 刚刚下线,第一次进入中国。和 Uber 不同,特斯拉进入中国时非常高调,本身就自带光环的超炫酷电动车,加上创始人埃隆·马斯克如钢铁侠般的传奇故事,简直是自带 PR(公关)功能,所以,当车子在中国还没有影子的时候,就已经成为街头巷尾传唱的话题,富人们排成长队,互相攀比着要做第一个开上这款史上最酷轿车的人,交车排队排到了半年以后,吊足了所有人的胃口,普通大众即使没有购买的计划,也一边流着口水一边以谈论这款车为乐。

在这个时候,如果人们只要在 Uber 平台上按一个按钮,就可以坐到传说中的特斯拉,效果该如何呢?

这简直是天作之合。在硅谷,特斯拉和 Uber 是一对经常被拿来一起讨论的品牌,他们都是既叛逆又创新、未来感和时尚感兼具的品牌,调性非常相像。虽然在中国,他们一个是富养的公子、一个是穷养的娃,但基因是相似的,彼此的了解也是充足的。

更关键的,这个"隔壁的贵公子"是我们唯一能抱的大腿。

当时,特斯拉的部门设置也不完善,我们通过各种渠道向特斯拉寻求品牌合作,得到的答复各不相同,但中心思想都是一致的:不感兴趣。是啊,对于一个自带 PR 流量的公司,为什么要和一个小品牌合作呢?

　　于是,在上海总经理老墨的带领下,我们转变思维,从市场品牌活动转向试驾活动,终于在销售部门找到了突破口。那时,特斯拉刚进入华东,而来自华北的二手车已经开卖了,一批等不及的温州土豪转投其他非官方渠道购买。卖车,是特斯拉在华东的痛点。

　　我们针对这个痛点设计了一套方案,结合了Uber传统的"一键叫××"模式进行试驾,也配套了针对我们平台高端人群的销售对接方案。在反反复复的谈判之后,我们终于等来了期盼已久的点头。

　　活动的前一天,我们和特斯拉的负责人约在静安寺办公室旁边的一个咖啡馆聊定最后的细节,那时整个上海只有两辆官方的特斯拉车,而到了活动前一夜,车子还没有最终敲定。我们一边镇定地和对方聊着天,一边心里像热锅上的蚂蚁一样,生怕自己已经宣布了这么大的事情最后却被放鸽子。我盯着桌上那把特斯拉车形状的钥匙,特想把它握在手里,关进笼子,免得再飞走了。

　　活动当天中午,车子迟到了半个小时,但总算是到位了,活动如期上线。我们兴高采烈地在办公室把各种活动物料搬到车上去。这时,隔壁公司的一个人从门缝里悄悄探出头来,一脸谄媚地问我:"听说你们今天做特斯拉活动?我能开个后门吗?"在这个创意空间工作了好几个月,这还是我第一次收到隔壁公司的搭讪。好兆头。我心里暗爽,同时笑着告诉对方,我们系统开不了后门,多试着叫几次就好。

　　但事实证明,多叫几次也没法叫到车。那天的特斯拉活动太受欢迎了，一车难求，有人一下午不好好工作一直按叫车按钮，有人则纠集了全公司一起叫车。叫到车的人都兴奋极了，大老远看到车子就兴奋地跳了起来，还有人煞有介事地要求在红灯时急刹车、绿灯时急踩油门，体会一下推背感。整个城市，都为特斯拉而欢腾。

活动结束，我忐忑地看了一眼数据，惊异地看到了一条我从未见过的曲线，一条让所有运营人员都会惊声尖叫的曲线：活动的那几个小时，数据上升了上千倍。

成了，我们成了！我们铁三角兴奋地互相击掌，这一个月的煎熬和忐忑，总算有了成功的结果，我们终于做了一次够大的活动！

特斯拉事件营销让Uber的知名度上升了一个台阶，尤其在最追求潮流尖端的年轻人群体里打下了深深的品牌烙印。之后，连续上线的优选轿车（Uber×）、人民优步等平价产品也让一批用户群体开始使用Uber。如何才能让更加大众的群体知道并喜爱Uber品牌，成了我们面临的新问题。

一个偶然的机会，朋友把佟大为团队介绍给了我们。那时，佟大为即将飞到上海宣传与周迅合拍的喜剧电影《我的早更女友》，想要做一些与众不同的宣传活动，他的团队正在寻找有创意的玩法。而Uber最擅长的事情，正是引领潮流、降维打击。于是，双方一拍即合。

这是Uber第一次和一线明星合作，是个千载难逢的机会。成败在此一役。但难题来了，我们只有两天时间，两天之后，佟大为就将到来，而一切的准备工作都是零，甚至连活动形式都只有初步的想法。

此时，铁三角的团队结构显示出"三三制"的高度灵活性。我们放下手中的所有事情，全身心地投入到佟大为活动的筹备中来。首先，怎么定位这个活动？我们进行了激烈的头脑风暴，当时人民优步刚上线没多久，我们为其定位的"司机和乘客是朋友"的基础理念，可以灵活嫁接明星的身份，已经积累了CEO司机、美女司机等沉淀，明星司机是进一步的沉淀和提升，这也和佟大为的暖男形象吻合。之后，活动的策划和执行都由我们三个人带领几个刚入职的员工和实习生亲自完成，活动机制设计、合作方案谈判、市场宣传、团队对接、后台系统设置、物料筹备，各自分工又相互补位。运营经理找车子遇到瓶颈的时候，就由总经理补上；市场活动亮点缺乏灵感的时候，就由运营补上。一切正如抗美援朝战场上灵活补位的三人战斗小分队，紧张又流畅地向前方推进。

两天后，活动顺利上线，老墨和朱迪坐镇办公室后方，我在前方跟车随机应变。清早，我和朱迪来到威海路的酒店里，佟大为正在窗前化妆，他很有亲和力地和我们聊起他在美国的Uber体验，他表现出的潮流敏感度让我们理解了为何他的团队会如此灵活和乐于尝试新鲜事物。

临近中午，活动上线，开车上路，按照活动的设计，接下来的几个小时，人民优步司机佟大为将接待未知的Uber乘客，Uber乘客将随机得到惊喜。

众人争抢惊喜的场面来得比预想要迟很多。非出行高峰时期,用户还没反应过来这个预告的惊喜是什么,十几分钟也没有一个单子。坐在佟大为开的特斯拉里,一边是迟迟不响的APP,一边是被晾着的大明星,我度秒如年,佟大为还找话题来帮我化解尴尬,虽然很感谢他的好意,但是我不断地和办公室里的同事沟通情况、调整设置,都没空跟他说话。

二十多分钟以后,APP终于响起了,我简直像遇见救命恩人一样,长舒一口气,从车上跳下去,转移到旁边的摄制车里监控。结果,这个乘客一上车就闷头看手机,根本没注意开车的司机,考验演技的时刻到来了,佟大为开始用各种方法引导乘客,从《我的早更女友》到《奋斗》都暗示了。这个自称把《奋斗》看了很多遍的男生,居然从头到尾都没有认出佟大为,直到下车之后看到庞大的摄制组,才"砰"地一下跳到驾驶座边上,一边仔细打量着佟大为,一边大声嚷嚷着:"怎么不早讲?!"

这位乘客让我们又捏了一把冷汗,如果所有乘客都是这样的剧情,那活动的惊喜和效果就全都没了。于是,我们前后台配合紧急调整了一些宣传和设置。第二个叫车的乘客是一对女生,两个人一上来就讨论各种帅哥、肌肉男,敏感的女生很快发现了司机的异样,开始嘀咕、猜测、试探,不断地把头伸向驾驶位,等发现真相的时候,车里传出一阵持续不断的尖叫,分贝之高,让摄影车上的我们全都吓得扔掉了监控耳机。

我和摄制团队、经纪人团队笑得腹肌都出来了。摄制团队说,他们做过很多娱乐节目,但达到这种效果的非常少,这个形式实在太新颖。

此时,后方舆情监控告诉我,佟大为开车的事情已被粉丝团侦查到了,并在贴吧等地传播。听到这儿,我就彻底放心了,指挥车队往市中心开。第三单是一个听到小道消息的粉丝,专业粉丝果然不一般,一上来就坐到副驾驶,一边尖叫着"这传闻居然是真的啊",一边拿出手机疯狂自拍。

从冷场到欢乐结束,紧张了一天的我终于放松了,开着红色的特斯拉回到办公室,和整个后方团队热烈拥抱,真是如打仗般的一天。

我们以为这个事件会一炮而红,但结果却没有。视频制作完毕以后,我们没有预算去铺渠道,所以只在网络上获得了不温不火的关注,但没有大量的自主传播。相比这个创意的有趣程度和我们从团队获得的专业反馈看,这个事件的实际效果和它应当达到的相去甚远。

有句话说:Everything will be all right in the end. If it's not right, it's not the end.(所有的故事都会有对的结局。如果结局不太对,那就说明故事还没有结束。)

果不其然,四个月以后,突然有一天,有人在微信上转发给我佟大为开车的视频,问我今天是不是能在Uber打到佟大为开的车。我心想,这都是四个月以前的事儿了,这都什么反射弧?谁料很快朋友圈就刷屏了。原来是一个微信公众号"考古"出了这个视频,当作新闻发布出来,又被广泛转载，一下子火遍大江南北。

知名度和业务基础相辅相成。佟大为视频的大火，发生在人民优步渗透率急剧增长的时候，是与业务体量相辅相成的。在 Uber 不火的时候，积累了大量素材，当客户基础变得很大的时候，优质的素材便在在短期内井喷，厚积薄发。

2015 年年初，Uber 的创意市场活动进入全盛时期，遍地开花，每一天都会被一个不同的 Uber 信息刷屏，它来自于不同的城市，今天上海明天广州后天杭州大后天成都，它可以是不同的形式：一键摇橹船、一个亿、男女朋友吵架病毒视频、打车遇上天使投资人、MINI Cooper……一个又一个铁三角在他们各自的城市里快速作战，不断结合热点，不断推陈出新，不断互相启发，不断互相配合，全国的各个铁三角团队组合成一支三三制之师，遥相配合，变换队形，快速推进，挥师大举进攻，呈现出一统江山之势。

这就让人满足了吗？不。在这片疯狂生长的花园里，为什么不能长出更疯狂的新物种？

时值上海一周年庆典之际，我们决定要玩一点大的，我们要降维打击。我们不是要让夸赞的嘴巴再张大一点，而是要让下巴直接掉下来；我们不是要让关注的目光再闪亮一点，而是要让眼镜直接跌下来。那么，玩什么呢？我们跳出了过往所有活动的框框重新架构。这一次，我们不在路上玩了,我们要上天。我们要让用户只需按一个按钮,就可以打来直升飞机。

提出"一键打到直升机"这个想法的王智,是一个坦克般的人物,她一个人可以有十个人的创意,一个人可以像十个人一样工作,把所有不可能的事情都碾压过去。直升机活动高度复杂,涉及的方面从供应商到合作方到宣传方再到政府,王智对每一件事情都要求非常高,哪怕是连接直升机和用户叫车点的接驳车,因此执行出来的项目都是质量非常高的。为此,王智在非常紧的时间内洽谈了许多高端车辆品牌,最终确定了一家调性非常好的品牌。一个有趣的细节是,这个品牌方和我们开会的时候,来了十多个人齐刷刷地排开,而Uber只有两个人,却一丝不苟地将所有大的想法、小的细节在两小时以内全部搞定。

和Uber所有快速反应的活动一样,这个活动从创意到实现,一共只有两个星期的时间,王智带领着团队,生产出超乎寻常的创意,又蹚平了所有执行的事情,做了一次非常完美的活动。

活动在一周年庆典的当晚现场宣布,宣布后几分钟,我们合作的公众号进行首发,九点多文章发布,当天晚上就获得了首发平台上百万的阅读,而转载更是不计其数。当其他人还在地面爬的时候,Uber已经上天了,媒体的笔下、用户的口中,纷纷传播着这件不得了的事情。

活动当天,赵又廷帅气地登场,这一次没有冷场,记者的闪光灯此起彼伏,我们站在聚光灯下,像欣赏自己亲手制作的白昼里的焰火。

自此，Uber 的领地正式变成了盖茨比家里金光闪闪的宫殿，每天迎来目不暇接的派对，那个没人理睬的"小孩"再也没人提起，一个"青年才俊"就这么被打造成功了。

2012 年 3 月，有一个叫作 AF（Abercrombie & Fitch）的美国品牌在北京三元桥开业，开业第一周，它找了二十多个外国肌肉男，赤裸上身在店前一字排开，这盛况一时间传遍全京城，人们纷纷去店里一探究竟。曾经有土豪看中了这个品牌的价值，想要高价收购这个品牌，但有良心的投资银行家告诉他，他应该收购的不是 AF，而是另外一家公司。AF 是被一个叫作 L 品牌（L Brands）的公司持有，这家公司旗下的品牌你可能听说过不少，AF、维多利亚的秘密（Victoria's Secret）、Bath & Body Works、Pink、Express，等等。从 20 世纪 80 年代到今天，它不断地买卖品牌，收购小的服装品牌，通过自己的运作把品牌做火养大，然后卖掉。1982 年，L Brands 以 100 万美元买下维多利亚的秘密，一番运作后，在 2014 年收入达到 72 亿美元。1988 年，它买下了青少年服装品牌 AF，1996 年踩准了高点将其独立上市，并提早预见了 AF 的衰退。它不断地收购和运作新的品牌，在其妙手上，每个品牌都曾一时间叱咤风云。所以，真正有价值的不是 AF 这个品牌，而是 L Brands 公司经营品牌的体系和方法,以及独到的资本市场操作与眼光。

　　类似的,Uber最值得学习的,不是它的一个个创意,而是它用什么样的规则、什么样的机制,持续地产生出最顶尖的创意。任何一个创意的生命都是短暂的,只有一个能够持续产生创意的发动机,才是有价值的。

　　我们说了一个又一个故事,而在这些故事背后反映了Uber的逻辑。

　　如何筛选为创意而兴奋而不是被迫创意的员工?创意是如何在没有预算的限制下被逼出来的?如何用灵活的架构帮助好的创意得到快速实现?如何让员工在创意的同时去理解和遵守不可改动的品牌标准?这些问题的背后是Uber的一整套品牌规则。全球统一的品牌标准,"一键叫XX"类型活动的设定和产品化,对城市团队的放权与边界清晰,鼓励创新的企业文化和架构设置,能够容纳不同、容纳创新的CEO格局。这一套品牌规则,保证了Uber能够在品牌方面做出令人印象深刻的表现,也正是Uber的核心竞争力所在。这才是最值得创业者借鉴的。

三城故事:将个性融入到产品体验当中

每一个城市都是一个独特的存在,每一个城市的铁三角团队也有各自独特的性格,用各不相同的方式孕育着自己城市里的Uber,在城市与团队的互相发酵下,每个城市的Uber司机也因此有了不同的个性。

城市一:上海。

上海如同是一个精致的女子,直至今天,她仍然有着那段十里洋场的深深印记,小资情调不是装出来的,而是流淌在她的血液里、基因里。无论是被犹太人建立起的商业基础和契约精神,还是被法国人带来的小洋房、爵士乐、红酒,她都是离西方最近的城市,说她"洋气",那是理所应当。

上海的铁三角是精致品牌的先锋者。总经理老墨是一个品牌高手,宝洁市场出身的他对消费品用户的理解和品牌的套路了如指掌;市场主管朱迪是典型的精致上海女人,在纽约时尚界混迹的她,有着超前的时尚嗅觉和高尚、自信的引力气场;担任运营主管的我是在工科圈和金融圈里泡大的,在工科血统和数学背景训练出的执行力之外,是对社会、时尚和人文的极度关注和敏感。

这一切都决定了,上海是一个高举高打做品牌的桥头堡。如果你来到上海,就会发现,出租车司机通常没有帮你把行李放进后备厢的习惯,但是Uber的司机有这个习惯,这就是品牌建设的成果。他们通常有着干净整齐的外表,喜欢像朋友一样平等地和你攀谈,言语间的内容往往有那么一点幽默、那么一点智慧,常常能把劳累一天的你逗乐。上海的品牌活动也继承了高举高打的血统,从初始的连卡佛(Lane Crawford)、VOGUE,到后来的特斯拉、佟大为、直升机,全都是与顶级品牌、顶级IP联合打造的品位活动。从上海出发的品牌形象,辐射了全国,成为Uber在全国品牌形象的基底。

城市二:成都。

街边踩着拖鞋、穿着裤衩的人们和每隔十米就有一间的麻将馆子,提醒我们那一句流传千年的古训——"少不入川"。2008年地震,让这座城市的伤痛和乐观同时呈现在世界的面前。这座新兴的城市,所依赖的地基不全是热钱和投资,而更多的是千年来内心满足的力量,以及由此衍生的消费观和享乐观。作为西南的枢纽,这里聚集着来自西部各个省份的精英。Uber的运营离不开休闲与消费的主题。

成都的铁三角是一个幽默十足、创新力爆棚的组合。总经理是融合与激发团队的大神级人物,也是日本文化的爱好者,架子为零,在谈论任何业务前,你一定会被他拉着说说日本;运营主管是一个脸上有两抹天然腮红的理工男,学计算机出身的他,最大的生存技能却是讲段子;市场主管是一个肌肉含量很高的美女健身网红,光听她说话就能感受到她散发的充足正能量和创意市场行业难得的缜密逻辑,身体和心理的双重结实确保了她在两个滑稽男的夹击之下能够保持高效的工作。除了铁三角外,成都团队里另外一位运营人员郭庆也不得不提,在互联网创业公司多年的丰富经历和产品经验,让他有着产品化的运营思维。

成都的司机个个都是段子手,加上一点川普的调味,让你总觉得这车费里面是不是已经包含了相声门票的价格。如果你参加过成都的司机培训,领教过这一场场长达一小时的、由腮红男主讲的段子大集合,你就不会奇怪这个讲段子的传统是从哪里来的了。不要小看了段子,这是经过精策划的、最有效的培训方式。成都司机对新事物的开放程度和学习速度是常人难以想象的,一个新的功能发布,当上海司机还在质疑这东西是否不合规定的时候,成都司机早已经开始像主人一般头头是道地向乘客介绍起这个新的功能了。正因为这样的团队、这样的城市土壤,成都成了Uber全国创新的重要发源地,众多中国本土产生的产品创新就诞生在这座城市。

城市三:广州。

在互联网热潮席卷全国的时候,广州却独善其身,保留了它务实朴素的消费观、市井的日常、看得见摸得着的信仰。这个务实的城市从来不把一分钱花在面子上，也因此，在这里你可以用几块钱在一个脏脏的小餐馆吃到这辈子觉得最美味的食物。相对于其他城市，这里的时间仿佛被延长了，丰富的美食、休闲和夜生活，贯穿了这座城市的24小时，让这里的交通高峰、低峰有着相当不同的定义。

广州的铁三角是务实专业的组合。总经理低调而不喜言辞，却对业务节奏和运营细节有着超人的把控；运营主管是一个不爱说话却满脑子都充满商业模式创新想法的人，虽然他的帅气程度常常让他试图低调的努力功亏一篑；市场主管是一个扔到人群里就很难被注意到的人，但你一旦和她对话，就会被她喷薄而出的热情、亮瞎眼的创意和超快的语速吸进她的黑洞里。

广州的司机是和善又细腻的，虽说北上广深经常被放在一起讨论，但在北京、上海、深圳的大爆炸式氛围里待久了，忽而遇见广州的司机，你会有穿越回那个沉静年代的感觉。司机们舒服朴素的衣着和就事论事的服务，使你听不到高谈阔论，见不到优越姿态，见不到浮躁投机，只感到一种单纯和简单。在这简单的朴素里，有时会出现一些出挑的事情，比如个性十足地结合好莱坞电影《复仇者联盟》的活动，那则是来自另外一位个性十足的同事的创意。

每一个城市都是个性的存在。团结之下创造奇迹的杭州，稳扎稳打的深圳，与互联网圈最近的北京，等等。一个城市的性格，是由铁三角缓缓渗透的,养育一个城市的过程,就好像养育一个小孩。"父母们"的培养思路、牵挂和成就感,却有着共通之处。作为上海司机们的一个"母亲",我也渐渐向上海的司机群体里渗透了自己的一些价值观——追求品质、尊重、乐在其中。

于是,当我探索"车的分享"在上海的体验时,着力于两个要点:

第一,品牌的培训。

作为品牌的桥头堡,从第一天开始,Uber上海对司机的品牌要求就是非常严格的,比如司机服务的时候必须穿衬衫、打领带、为乘客提供饮用水、为乘客开关门,这些标准与司机的奖励挂钩,但凡当周有一次收到以上任何一点的投诉,就会少拿奖励。

初期对司机的筛选和培训也非常严格。车辆的车况、颜色、年份都比正常所需的高很多。司机来培训的时候,必须穿衬衫、打领带,如果没有做到,就只能乖乖回家,等到都满足要求了再参加下一次的培训。这样严格的要求被反反复复地强调之后,所有司机来培训的时候都会毕恭毕敬,觉得加入Uber平台不是一件随随便便的事情,而是有准则、有要求的。

这样严格的要求带来的品牌效应是明显的,当人们第一次知道除了出租车以外他们还有Uber这个坐车选项的时候,他们的迁移意愿是很低的,尤其Uber的价格是出租车的2.5倍。但当他们亲身体验到衣着如此整齐帅气的司机打开车门迎接自己上车的体验时,全都瞬间被震惊到了，很多人就是这样将信将疑地试用一次以后，产生了使用和口碑传播的意愿。这个鲜明统一的品牌形象就此根植进人们的脑海里，于是全国的用户对Uber都有了一个衣着整齐、专业、高端的印象。

第二，平等与乐趣。

在一点一滴的事情里，我总是很强调司机和乘客的平等。在司机培训会上，每当说到服务质量评分的时候，我告诉他们Uber对司机和乘客的原则是一样的，乘客给司机打分，司机也有权利给乘客打分，我会特别强调，要珍惜给乘客打分的机会，这会帮助平台和其他司机了解乘客的信用。但凡有司机质疑规定，我一定会解释制定规则的原因，而不会搪塞和敷衍，司机们对此非常欢迎，想必是从小到大受到"这是规定"、"这是对你好"的搪塞太多。我会说很多司机和乘客之间的有趣对话和故事给他们听，但凡有司机来找，我也会尽可能地倾听司机们的故事和诉求。总之一个原则，司机是平等的、有独立人格的、受到尊重的，他们的想法需要被尊重。在此基础上，他们会发自内心地明白和喜爱做这件事情（我猜海底捞一定特别同意这段话）。

在金钱的奖励以外，我试验了实物奖励。第一期奖励，千挑万选之后，我决定给司机们定制衬衣，我通过朋友找了一个金融金领们常用的香港师傅。司机领奖的当天，我带获奖的司机们去到这件衬衣定制店，香港师傅给每一个获奖的司机量体裁衣，拿出三种领子和两种袖口样式给司机们选择，仔细地记下每一个司机的名字、确认首字母缩写。我向司机们解释,这是因为衬衫的袖口要绣上他们的名字首字母缩写,这是华尔街金融家们的习惯,还跟他们打趣说,回头可以仔细观察一下乘客的袖口字母。后来有司机告诉我,他穿着这件衬衫去接活的时候,觉得很骄傲,觉得自己和乘客是平起平坐的。

还有司机给我发来长长的感谢短信,说司机是平台的代言和代表,要携手一起把平台做大。再后来,给司机的实物奖励做了很多期,我们送给乘客什么,就送给司机什么。他们和乘客是平等的,他们应该享受一样的生活品质,一样的重视,一样的品牌调性。

这两个品牌原则坚持了　年多,虽然在规模急速扩大的时候要求难免被放松,但这些原则和由此孵化出的司机群体,依然为乘客提供了相对高质、善意和有趣的体验。

在上海一周年庆典的时候,我提议增加一个给优秀司机颁奖的环节,其目的就是想让这些幕后英雄站在台上成为聚光灯下的主角,让参与盛典的核心用户们都为他们的辛勤和智慧而庆贺。在庆典上,我说:

感谢各位今天到场,与我们一起见证Uber上海这一年来走过的路。

这一年来,我们越来越得到大家喜爱,很多乘客告诉我们,Uber是一个太有意思的平台了,每一次的Uber行程,都充满了或有趣或温馨的故事。但是,你们知道吗,把Uber变得那么有趣的,不是我们,而是在路上的每一个司机。是他们陪伴你的一段旅途,是他们在雨天为你撑起一把伞,是他们用一句笑话把劳累一天的你逗乐,也是他们用丰富的人生阅历和幽默的情怀给你的一天带来一点点的启发和微笑。

现在,我背后屏幕上的这些截图,都是每天发生在Uber平台上最真实的故事。这一年以来,司机们的故事给我们带来了无数的感动和欢乐,也给我们无穷的激励,让我们不得不深深相信,Uber真的是在做一件能够改变城市出行方式、让人与人之间更加信任、更加互助的伟大的事。

在座的各位是否有兴趣知道,Uber的合作司机们是一群什么样的人呢?他们也许是那个坐在前排,默默给你关怀的人,但是他们从未站在聚光灯下,也许你还没有留意他们的长相,还不知道他们有什么故事。今天,我们请来了几位司机代表,让他们做一回主角,我们一起来了解一下他们的故事,我们一起为这几位优秀的司机来颁奖。请大家注意,看看里面有没有曾经接过你的司机。

说完以后,我邀请站在台边候场的司机上台领奖。这一天,他们都特意打扮了自己,可以明显看到他们脸上紧张又兴奋的表情,我将他们引上台,由Uber的经理们一个一个给他们颁奖,介绍他们的故事,台下的用户和媒体不断爆发出热烈的掌声和尖叫声,为这些真正的英雄们,为这些热爱着这份事业并为之奋斗的可爱的人们。

在Uber,有很多像我这样对分享经济有着自己的理解和理念的人,而Uber给了我们这一群人很大的空间去试验自己的理念、去实现自己的抱负。Uber企业文化中有一条叫作"Be yourself"（做你自己）。在这样的文化下，让每一个人的个性和想法都可以在这个城市得到实践，并深深地影响这个城市的品牌体验和用户群体。虽然铁三角并不是Uber的创始人，但是他们对自己城市的性格奠基，是和创始人一样的。我想，正是因为有这样的空间，铁三角里的每个人才能够用创始人一样的热情投入到自己的城市里。

能够成为一个城市的铁三角，是很幸运的事情。很久以后，当我站在已经装修精致的办公室里，看着高架桥上穿流如织的车子，仿佛在路上流淌着的是我亲生的孩子，是我相信的东西、我的性格和我的记忆。后来，我因为创业而离开上海回到北京，数月之后，我出差回到上海，一下飞机就打了一辆Uber，接我的司机按照我当时制定的规则帮助我上了车，得知我曾经在上海生活，还幽默地打趣上海的工作生活，一下子就把我逗乐了，这一切都是我喜爱并曾经在司机的培训里推广的东西。坐在车上后，我差点哭了，能够用这种方式给一座城市深深地留下自己的印记，足矣。

这个世界没有那么多的规矩，人们会自发地做自己喜欢的事情，如果你遇到了、发现了，并且你发自内心的喜欢，那么，它就有了存在的意义，它就很可能是趋势。

感谢分享经济，让人的个性可以从机构的限制中解放出来，让个人可以大于机构。让我们拥抱这个新的时代:你就是品牌,你就是公司,你就是理念,你就是商业模式,你怎么看这个世界,就是最重要的事情。

分享经济虽然是这两年才兴起的概念,但是早在多年以前,它就以各种形式在我们的身边萌芽。我和分享经济的接触最早是在2007年左右,而彼时的体验和启发,让我在打造分享经济在中国的体验时,注入了自己的理解。

上大学的时候,我曾经在土耳其的伊斯坦布尔住过一个月的时间。有天,我乘车南下去以弗所(Ephesus)古城游览,住在一个在《孤独星球》(Lonely Planet)上找到的民宿里。冬天是土耳其的旅游淡季,民宿里就只有我一个客人,我每天早上都在这间民宿小小的厨房里面吃早饭,每一天都是同一个服务生来服务我,我每天匆匆忙忙地吃完早餐就赶去游览周边的景点,从未和服务生有过眼神交集。

这样安静又尴尬的场景维持了好几天,直到有一天,服务生主动来和我说话。他说:"我请你吃晚饭吧。"于是,那天我在同样的地点,和这个服务生吃了晚饭,这顿晚饭打开了我对土耳其的认识,从他的口中,我知道了这间民宿的历史,各个国家客人的不同风格和故事,土耳其食物和土耳其咖啡的秘密。也从他的口中,我知道了这个服务生是如此热爱旅行,热爱这间民宿,热爱土耳其的美食。他做服务生,正因为这是一个很好的切入点,让他可以接触和醉心研究他喜爱的东西。

这次谈话打破了我固有的观点。原来,一个服务生可以不只是端盘子的,他可以有很有意思的故事和那么丰富的内涵。

回到伊斯坦布尔之后,我不再只做一个独自游览的游客,开始主动和遇到的各种人攀谈,我第一次知道了西餐应该怎么吃,第一次结识了对中国总理的政府报告倒背如流的土耳其经济学学生,第一次认识了因为喜爱喀斯特地貌而留在岩洞民宿的日本女孩。我渐渐打开了自己的视野。我曾经很狭窄地看待这个世界:我是一个学生,所以我是来念书考试的;我是一个服务员,所以我是来端盘子的;我是一个游客,所以我是来看景点的——不一定,一个人不只是一个标签而已,一个人的内容可以更加丰富,一个体验的内容可以更加丰富。

如果你仔细观察过某些国外餐厅里的服务生,他们脸上的表情是你在国内大多数服务员脸上看不到的,那是一种骄傲、自豪、专家式的表情。自从有了土耳其的那段经历以后,我就经常和餐厅的服务员攀谈,我的无数关于美食的知识,都是从他们口中学到的,主菜的盘子为什么要是热的,哪个地方的蘑菇最好吃,日本人怎么做豆腐皮,等等。我逐渐发现,这些餐厅的服务生都很热爱他们的职业,他们是美食的专家,他们了解一份菜的脾性,知道在什么样的状态下呈现这个食物会和客人发生什么样的化学反应,他们熟悉每一季的新菜单,知道这间餐厅曾经对同样的食材做过的不同尝试以及背后的理念,他们喜爱他们的食客,和兴趣相投的常客都是好朋友,他们喜爱观察食客,并且琢磨他们动作里隐含的含义。他们乐在其中,并为此骄傲。而他们的骄傲与快乐,也传染给客人。

同样的,"我是一个司机,我只能开车",这也是个伪命题,为何司机不可以乐在其中,并为此骄傲呢?

所以,在一切运营的底层代码里,我一直在试验把司机向这个方向引导,与乘客的平等关系、做Uber司机的意义和乐趣、发自内心地享受做这件事的过程、透明的多方间的沟通、在一切沟通里加入幽默互动的元素。这是我喜欢的人与人之间的关系,于是我就在上海这么做了,很高兴的,我看到我的理念发酵出的体验是美好的。

当我去土耳其的时候,还没有分享经济的概念,距离Airbnb诞生还有好几年的时间。当时要寻找民宿并不是那么方便,我查阅了《孤独星球》的书和一个台湾网站backpackers.com的众多帖子,在海量纷杂的信息中提取筛选,才找到这间民宿。但Airbnb"让游客像当地人一样生活"的体验在那个时候就已经存在了,它被我偶然遇到,偶然喜爱,随后带到"车的分享"里试验。

互联网的时代,让个人的个性能够拥有绽放的花园,于你、于我,于每一个有想法的人,都是个美好的机会。

美丽新世界

业务越做越大,品牌越来越知名,我们尝到了成长的甜蜜,来访的合作伙伴络绎不绝。即使我们只有三个人,也经常是一人应对一个合作伙伴,我们经常一人占着会议室,一人占着茶水间,一人占着休息沙发,从早到晚三个人能谈二十多个对象。可是,联合办公空间就对此有了意见,其他的租客常常投诉我们,我们被迫着只能到楼下的咖啡厅去开会。司机的培训场次也越来越多,共用的会议室不够大了,我们只好找外面的会议室去培训司机,每次都兴师动众地搬一堆物料坐车去外面培训,非常不方便。

掰掰手指头算算我们已经给了offer(录取通知书)和即将给offer的人数,这十几平方米的空间和两张办公桌很快就会塞不下团队了,于是搬家的计划便被提上日程。

搬家是一件很令人兴奋的事情,我们的重视和开心程度不亚于小时候过生日,觉得这是自己长大了的纪念,得有点仪式感。老墨亲自上阵寻找新的办公室,朱迪和我则叽叽喳喳地向他提出我们的各种期望和幻想。

我们看了很多选项,有传统的整租办公室,有高大上的雷格斯,也有刚刚出现的联合办公空间,发现联合办公空间确实很符合我们的体量和对灵活度的要求。那时候的联合办公空间还不多,很少能找到满意的选项,要么太大,要么太贵,要么地点太偏。

突然有一天,老墨跟我们说,我找到一个好地方,明天我带你们去看。我和朱迪排来排去,排了下午半个小时的时间是大家都有空的,就跟他去了。

毫无心理准备的两个女生,在新的办公室楼下惊呆了。

这是位于上海市中心的一座标志性建筑,古老悠久的历史,严格的看门大爷,一般人断然不会认为这里有办公室。但居然真的有人把其中的一层包下来,分割成了小的空间,每个办公室能坐十个人,和我们期望的大小正好相符。整个办公空间的装饰是 Art Deco(装饰艺术)风格,色调和线条简单但有格调,楼上还时常举办艺术展览。最震撼的是这里的视野,位于市中心却毫无遮挡,站在阳台上,市中心的所有高楼大厦尽收眼底,仿佛这里是宇宙的中心,一条主干高架路穿越视野中心,车辆川流不息。

在电影《美丽新世界》的结尾有一个令人印象深刻的镜头,陶虹和姜武站在他们未来房子的工地里,姜武指着空中大喊:看!这是我们未来的房子!两人在这片不知道哪天才能盖起来房子的工地里幸福地紧紧相拥。这哪里是在说他们的房子,这明明是他们在这座城市的遥不可及的梦想和在大城市讨生活的辛酸。

那一刻,在夕阳下,我兴奋地指着高架说,我要看到它上面跑的全是我的车子!朱迪也兴奋地指着那群写字楼说,我要这些楼里的白领都是我的用户!两个欢蹦乱跳的女生和一个脸上乐开了花的老男人,和电影里那对进城务工的青年一样,我们仿佛能够看到未来的画面,就是在这里,就是在这个地方,我们会做一番改变这个城市、这个国家的大事情,我们会打拼出我们的未来,我们会一起有一个美丽新世界。

我们的下一个办公室就是这里了!

夕阳正缓缓落下,它温柔地凝视着这座大大的城市里喧闹的三个小人,在车水马龙穿梭交织的道路间,在鳞次栉比冰冷或温暖的钢铁森林中,在流淌在空气里的大大小小的梦想里,这三个小人的梦,就在这个阳台上,长大了。

第二章

在战争中找到自己的模式

玫瑰花战役：敢为别人所不为，一战成名

Uber并不是第一个在中国做"专车"业务的公司，早在Uber以前，就已经有专车老牌公司在数十个城市建立起了广泛的品牌知名度，而另一个新的品牌则凭借着2014年新年期间在上海的一次大规模烧钱，也迅速建立起了市场地位和广大的司机群体。彼时，滴滴还深陷于和快的的出租车大战，尚未涉足专车领域。所以，Uber面临的第一场战争的对象并不是后来其众所周知的对手滴滴，而是这两家先行者。

有时候，危机和机遇是一对密不可分的好兄弟，谁也没有料到，一直被这两个竞争对手压着无法上位的Uber，是在一场危机当中一战成名的。

2014年7月，上海的天气并不如往常般炎热，但一场艰巨的考验让铁三角如在热锅中煎熬：政府针对网络约租车平台出台了新的政策，专车业务可能在监管范围以内。一时间谣言四起，有说专车在监管范围内

的,有说不在的;有说会扣车、罚款甚至查封办公室的,关于竞争对手的动向每天都在变,被约谈、有转机、停止业务,等等。我们的三人小团队紧张极了,每天都在为此事伤神。

这并不是上海市政府第一次针对网络约租车出台监管政策。从滴滴、快的诞生的第一天起,伴随网络约租车的争议和监管运动就没有停止过。铁三角中的其他两位同事比我早入职一点,都经历了3月的一场新政影响,那时Uber刚刚有起色的业务受到严重打击,好不容易积累起的一点市场人气像小火苗一样被浇灭了。那几天时间里,我们每天晚上讨论到凌晨,商议应对方案,老墨和朱迪都想要停止业务,而初生牛犊不怕虎的我,则坚持继续业务,不受影响。

经过迅速的讨论之后,我们选择了继续。

于是,我开始不断与租赁公司会面和打电话,让他们吃定心丸,告诉他们,虽然其他平台会停止业务,但是Uber是正规合法的,我们不受任何影响,我们的业务会照常继续。

不,这还不够,我要让司机们亲眼看见我们一切都很好。

8月初恰好逢七夕节,Uber准备了一个小小的市场活动,让司机给乘客发放玫瑰花。于是,我决定把这个活动的影响扩大。我没有让要好的司机帮我发放花朵,相反的,我通知每一个司机到办公室来拿玫瑰花。

2014年8月1日,新政实行的第一天下午。我们三个人在办公室坐镇,等待司机前来领取花朵。下午两点,第一个司机来了,我们笑盈盈地把花递给他，但很显然，他脑子里想的全是对新规定的担心。我们向他解释了新规定并不适用于我们，Uber是一个正规的高端平台，他似乎得到了信心，满意地离开了。很快，消息在司机群里散开，一波又一波的司机来到办公室，气氛越来越轻松。到最后，大家一边穿梭着领取玫瑰花，一边谈笑风生。于是，在那个下午，每一个到了办公室的司机都亲眼看到，Uber照常运营，Uber的员工非常平静地在发放玫瑰花，什么事情都没有发生。

2014年8月2日，七夕节，周六。上海这个洋派的城市里到处弥漫着甜蜜的气氛。我坐在武康路一个面包店里，一面看着窗外穿梭如织的捧着玫瑰花的情侣们，一面紧张地盯着我的电脑上运营后台的"玫瑰花"数量——为配合节日气氛，那一天Uber的车辆图标被装饰成了玫瑰花。这是政府开始执法的第一个周末。我不断地收到有车被执法的消息，又不断地确认消息是假的，不断地给租赁公司打电话辟谣，又进一步强调我们的正规性。当我回想起那一天的时候，有时候会自嘲难怪自己嫁不出去，当所有情侣都捧着玫瑰花过七夕的时候，我正握着玫瑰花打一场巨大的战役。

一天的战役下来，上海的司机数量仅仅下降了7%，供给基本稳定。于是，当夜幕降临，情侣们约会完毕需要坐一辆有面子的车回家的时候，他们发现，以前用习惯的所有打车APP都打不到车，只有Uber能打到车。

那一晚,Uber一战成名。

后来事实证明,分享经济的约租车APP果然不在那次新政的管辖范围之内,那次新政对行业内的所有公司都是没有影响的。但竞争对手停止业务一个多月的时间,等到他们恢复业务的时候,世界已经变了,我们已经利用这段时间增长了太多的供给量,Uber已经抢先在市场上切开了口了,占据了相当大的市场份额,对手难有翻身之地。

这次一炮而红的上位,源于我们抓住机遇,敢为别人所不为。后来我在思考为什么我们当时很坚定地判断这个政策不会影响Uber。那不是一个拍脑袋的判断。那时我每天都和司机混在一起,如果司机有任何风吹草动,如果司机的圈子里有任何的消息,我一定感觉得到。后来我知道并确实路港局的解释是新规不适用分享经济APP,所以,天天和他们混在一起的我,才能够感受到他们是安定的,并没有真的山雨欲来的恐慌。

我相信,绝大多数竞争对手里面做决策的人,没有一个能够像Uber的员工一样离司机这么近。这也是我一直觉得Uber的体制里很特殊的一点,就是真的"让听得见炮声的人做决策"。那时的我,一个人担当所有的角色,我是天天去地推司机的人,也是订立司机准入标准和管理规则的人;我是帮司机修手机装APP的人,也是设计运营产品的人；我是帮司机客服对账处理纠纷的人，也是决定每周给司机什么奖励的人；我是每天连吃顿饭都要把隔壁桌忽悠成Uber用户的人，也是设计品牌定位和传播核心信息的人。一句话总结，就是俗话说的"一边做着CEO，一边要把地扫了"。在Uber最早的5个城市里，每个城市的前三个人都是这样的角色，没有上下级，每个人既是最底层的执行者，也是最高层的决策者，也就是Uber一直倡导的，每个城市的铁三角都是一个创业团队。

虽然当时从全球范围来看，Uber已经是C到D轮融资的公司，我们也只是后期员工，但是这个铁三角的"鸡血指数"绝对不比任何初期创业公司的核心团队差。当我们这一代Uber人回忆起当时的情况，都难以置信自己怎么会这么"鸡血"。但是，这种"鸡血"不是靠情怀，不是靠价值观的洗脑，而是靠管理机制。在Uber的体制里，铁三角里每个人有充分的自由度去做决定，不需要向上级报批，并且每个人为自己的决定负责，真正做到权责对等。当我入职以后第一次向亚洲总监汇报的时候，我还小小地紧张了一下，结果发现，听完汇报以后，他只是根据他在其他地区的经验给予了我一些帮助和建议，但完全不干涉我做出的任何决定（虽然有些他是不认同的）。被给予了这种信任和自由度以后，我真的把Uber当作自己的事业来做，我浑身的斗志都被调动起来，满脑子都开动起来去思考怎么样才能把这个事情做得更好。我们常常听到一些企业宣导员工要有主人翁意识，但机制上又是领导说了算，于是当员工主动替公司思考以后，发现自己的想法总被"强奸"，在这样的体制下，员工要么没有主人翁意识，要么假装有、拍胸脯说大话不做实事，这样的"主人翁意识"还不如没有。只有在权责对等的机制下，每个人才有可能有主人翁意识，每个人都能非常积极主动地要把这件事情做好。情怀不能够替代机制，只有机制才是支撑公司按照统一的指导思想运作的保障。

对于创业企业来说，每一个企业面临的实际情况都不一样，如何根据不同的行业和人员组成，确立不同管理层级的决策边界和责任边界，将决定了一个企业变成什么样的组织。

坦白说，Uber的这一点是很难复制的。我认为Uber最特殊的一点，就是招了一群投资银行的经理、副总级别的人去做地推。这群人扎实地做着最底层的工作，与用户／司机做最亲密的接触，同时也有足够的经验和能力去做决定。于是，Uber也放心他们去做这个决定，这就形成了责任与义务对等的正向循环。

人民优步：让Uber从LV变成ZARA

对于广大的Uber的用户而言，99％的用户都是从人民优步开始使用Uber的。但事实上，人民优步是一个在其他国家不曾存在的产品。

对于Uber和整个专车市场来说，人民优步是一个至关重要的产品。2014年10月，以豪华车为主的专车，市场教育非常不充分且进展缓慢，网约出租车有滴滴和快的两大巨头，Uber这个不具备自主流量的小APP，正是靠着战略性地推出人民优步这个低价产品而逆袭上位，并逼着滴滴在半年后推出了快车产品跟进，双方开战，同时教育市场，市场在非常短的时间内被教育完毕，用户叫车习惯被改变，专车迅速取代出租车成为出行市场主流。从这点上来说，在网约车领域里前赴后继、群雄逐鹿的众多公司以及他们的投资者们，都要感谢人民优步这个产品的历史贡献。

在商业意义之外，人民优步最广为流传的还有另一件事情，那就是它留在坊间的众多传说，尤其是豪车等。

现在说到人民优步和故事营销，可谓一大传奇，其传播时间之长，范围之广，UGC（用户原创内容）之丰富，堪称病毒营销界的经典案例，但这一切并非有意为之，而是一个阴错阳差的故事。

人民优步这个产品的诞生是一个自上而下的战略决策的结果，但它最大的问题就是和现有品牌形象冲突太大。自从进入中国，Uber就一直是高大上的形象，人们想到Uber，会天然地联想起时尚派对、高端商务、豪华车型、西装领带的司机、专业周到的服务，但是人民优步是一个"屌丝"产品，最关键的一点，是它比出租车便宜。

高大上的Uber，怎么可以去做比出租车还便宜的服务呢？这么low（低档次）的事情，怎么才能和现有品牌形象契合？人民优步与原有品牌定位的冲突，让这个新产品在落地的时候遇到了困境，这就要求城市团队们结合当地实际进行发挥创造。

那一个月我过得仿佛丢了魂一样。那时，整个上海只有我一个人管运营，我已经管理着豪华轿车、优选轿车两个产品线，人民优步将是我盘子里的第三个产品，而这个产品又是如此彻底的不同：目标司机从专业司机变成普通白领，合作方式从租赁公司变成直接对个人，管理和服务不再利用租赁公司力量而是由自己做，规则和流程全部都要重新调整。于是，整整一个月的时间，我几乎都睡不着觉，把之前积累的整个管理体系全部颠覆,设计出来一整套适应P2P产品的运营体系,以及搭建相应的配套内容。

但最让我睡不着觉的,是人民优步产品的品牌定位。我绞尽了脑汁,也难以想象出,现在的品牌如何才能和比出租车还便宜的服务挂钩在一起。在合作伙伴方面,和连卡佛、时尚芭莎、红酒节的合作模式遇到比出租车还便宜的服务?在核心用户方面,媒体人士、海归金领、企业主,发现Uber做了比出租车还低价的服务?这简直就是一场灾难。

每天晚上睡不着觉的时候,我都在想着怎么解决这个问题。每天晚上的梦里,都是怎么去解决问题。有时我甚至怀疑,自己究竟睡着了没有,脑海里出现的情景,究竟是梦,还是只是我半梦半醒的思考?

失眠也许会激发出人们大脑的一些隐藏功能。在某一个有点闷热的晚上,一个又睡不着的时刻,我的脑子里突然闪出来一个想法:司机为什么不可以是乘客的朋友呢?

一个低价格的产品会让人感觉档次低,是因为有了预设的假设:司机是专职服务乘客的,这是乘客购买的服务,价格高低就代表着服务品质的高低。通常来说,司机给乘客开车是服务乘客,乘客和司机是不对等的概念,司机是一个服务生的角色。但是,有没有可能在新的平价产品里面,司机和乘客是平等的,司机不是服务乘客的概念,如果司机不是服务乘客的概念、如果司机与乘客的关系变成朋友关系的话,就没有所谓的档次高低了。

其实,朋友和平等的概念,已经在司机和用户群体里萌芽了,也许因为我们一直以来强调司机和乘客的地位是一致的,司机并不低人一等,所以Uber的司机体验一直都比较有趣,司机把乘客的孩子逗得乐不可支从而成为接送托管员、司机成为老外的餐馆推荐参谋等故事已经在平台上出现,也在小范围的司机和用户群里传播,令人会心一笑。

但是,这些故事可以发挥的作用也许可以远大于"会心一笑",它完全可能成为一个现象级品牌传播点,不是吗?我为这个想法兴奋得一整晚都睡不着。在人民优步里面,如果不是一个司机来接你,而是你的朋友,你的邻居,你身边的人,他只是在上下班的途中,顺便接了一下你。他不是靠此为生的,之所以收你那么少的钱,不是因为他的服务不好,而是利用闲暇时间随便接了一单,补贴他的油钱而已。这样,既解释了便宜的价格,又让品牌的形象可以继续维持比较高端、时尚的形象。城市里的人是孤独的、戴着面具的、圈子固定的,而车上的私密空间、司机身份的不确定性,使双方可以认识不同的人、有短暂的浅度交流、有放下面具表达自我的绝佳机会。

这样,Uber品牌就能顺利地完成从LV到ZARA的转变,而不是变成了批发市场!

第二天早上,我和朱迪约在武定路上一个叫作松饼先生餐厅(Mr. Pancake House)的西式松饼店吃早饭,我们并不常约在这样正式的地方吃早饭,但数周的过度劳累让我们都想用高热量的东西犒劳一下自己。

一边吃着沾蓝莓果酱的松饼,我一边兴奋地告诉朱迪我昨天晚上想出来的"司机是乘客的朋友"的市场定位,朱迪也为此苦恼了很久,就这个问题和我讨论过多次,听到这个想法,她放下送到嘴边的炸鸡,一拍大腿,说:"非常靠谱!"兴许是因为 Mr. Pancake 这个可爱的店名,她兴奋说:"我要做 Uber 小熊,拉近司机和乘客的距离。"回办公室以后,我们一起把想法告诉了老墨,他也表示认可,"就这么干",于是人民优步的市场定位就这么敲定了。

这家松饼小店的老板估计做梦也想不到,他的店就此成了人民优步故事营销的发源地。

接下来所有的事情都通畅了,我顿时可以睡着觉了,晚上睡得美美的,白天卷起袖子开干。

在供给端方面,我很快调整了规划,将司机限定在白领范围、严格限制车型、要求上海户口,确保品牌上线之初的司机群体是能够和用户平等对话的。

在市场活动方面,产品上线之初,我们做了很多 PGC(专业生产内容)的事情去引导市场。那时候团队已经七八人了,是一个可以有分工、有侧重的协作战斗的团队了,我们一起首先对使用场景和动机进行沙盘推演,构造出几个司机与乘客的典型画像和场景,新爸爸赚奶粉钱,美女追逐新的生活方式,喜欢和老外打交道的人找到了渠道,创业的人多交朋友、推广理念,等等。然后围绕这些核心场景寻找司机供给端和构造故事。接下来,我们又开展辅助性的线下体验设计和活动,比如说在每个车上放了一个小熊,让司机和用户都能够抱一抱它,从而拉近他们两人之间的距离,做出人民优步与专业司机的可感知的体验区隔;比如说让乘客坐到前排,一人拿出一只手比出一个U的字母,拍照在微博微信上晒;比如打造人民优步司机群体画像,包装CEO司机、女性司机、媒体人司机、豪车司机等等司机的故事进行传播。

我们渐渐发现,用户的创造力是无穷的,只要你能给他们一个好的引子、一个好的机制。

相对于"司机服务乘客"的传统概念,"司机和乘客是朋友"的全新设定具有巨大的变种和传播能力,可以说是一种高能病毒。很快涌现出很多UGC,每天都有各种用户晒朋友圈,乘客和司机谈成一笔生意的、司机教乘客怎么教育小孩的、司机是个创业者来开车招人的,等等。我们又不断从UGC中提取精华、加以包装和传播,在此引导下,司机和乘客都进入了很嗨(尽情)的状态,那段时间,但凡坐上车,总会有司机来和乘客交流,总是能碰撞出火花,而这些千奇百怪的火花又在社交媒体上各种传播。一时间,人民优步在整个社交媒体里开了花。

此类UGC迅速在全国各个城市出现和蔓延。人民优步的传播要点,也迅速从一开始官方图片传播,变成以UGC故事为导向。我们发布的第一个故事是从美国那边扒过来的例子,有钱的花花公子用劳斯莱斯幻影开Uber把妹,那个故事顿时一炮而红,又冒出来各种本土化的变种版本。可以说,这类故事营销是在一个好的机制下产生的优质UGC。

人民优步品牌的成功有三个原因,一是产品本身的商业成功,二是品牌定位和规则的设置,三是品牌与产品之间的高度契合。

在人民优步品牌定位与传播的设定里面,有一个基本的假设:司机和乘客是平等的朋友。这是整个品牌能够产生活力的基石,它不仅颠覆了人们习以为常的司机—乘客关系,更重要的是,它符合人性(想象一下,如果一样是颠覆,但变成了皇上和仆人的关系,还会有这么丰富的UGC吗?)。一个规则,如何才能够成为一个有生命力的、不断自主产生变体的规则?从根本的内容上,它将人性中渴望平等、社会性、开放的原始欲望从枷锁中解放出来,提供了门槛低的渠道去释放欲望,所以从根本上具有自然产生势能的能力。再加上UGC自主产生的故事内容,虽然与核心体验无关、但具有高度"附着力",就产生了巨大的传播影响力——虽然这些故事并没有真的发生过。分享经济天然具有强附着力的优势,如果运用得好,可以实现品牌的病毒式传播,近两年横空出世的免费上网工具WiFi万能钥匙,即是巧妙利用了连接WiFi的场景进行口牌传播,使其在短期内达到与微信相比肩的用户量。

产品能够成功,不只是品牌和传播的原因。在我们的身边,产品和品牌脱节的事情数不胜数：产品不给力、硬靠品牌销售去拉动，或者品牌自嗨、和产品脱节，期待靠这样就能做好，这都是经营者自我感觉良好的想象，不可能有好的结果。

　　一个有生命力的、有沉淀的品牌营销，一定是与产品水乳交融的。而 Uber 的去中心化结构让运营非常灵活，确保了产品和品牌的一致性，在人民优步的案例里面，品牌定位是基于与产品前线非常靠近的理解和提取，确立品牌定位后，短短几天时间内就能够调整运营和产品，三个人商量一下就做了，沟通交流几乎没有成本、不耽误时间。从这个意义上说，Uber 的城市铁三角结构，本身也是一个分享经济的生态，它让 Uber 内部可以快速低成本试错，并且提取有价值的东西上升到公司层面。但铁三角结构在大多数公司并不存在。后来在我参与创办的家庭厨房分享 APP "回家吃饭"，我尝试在不基于结构的基础上，大胆将一条产品线放在品牌市场部运营，也取得了很好的效果。

世纪补贴大战

较早接触专车的用户可能都有印象，在2015年的4月，专车市场大战一下子就打响了，滴滴、快的在2月情人节合并以后，仅剩的两个巨头——滴滴和Uber开始了厮杀，一直不算太火的专车市场一时间平地掀起波澜，好生热闹。我们不妨把时间倒退，沿着蝴蝶效应一帧一帧地回放，回到引起这片波澜的那最初一滴水珠，说说那一滴水珠的故事。

首先，让我们明确几个时间点，2014年10月以前，Uber与几家类似的平台都以豪华专车为主，业务量并不大；2014年10月，Uber正式上线低价产品人民优步，获得业务量的大幅增长；2015年春节过后，人民优步业务量呈指数级增长，市场份额并喷式增长，令所有人大跌眼镜；2015年4月，滴滴跟进，上线快车，与人民优步直接竞争，专车补贴大战爆发、市场火爆。

所以，在2015年的春节期间发生了什么？

2015年的春节前后，Uber计划上线一个技术产品，提高司机报名上线的效率。我感觉到这个产品有助于极大地充裕司机的供给量。而春节是一个非常好的时间点，能为司机之间做口碑传播提供最好场景：当一家人过年在家无所事事的时候，最适合全家老少一起探讨的、所有人都能理解却又有一点新奇和话题性的事情，就是做Uber司机。春节时，话题口耳相传的场景，恰好可以由这个产品做助推器，实现计划到现实的转化。

这是个千载难逢的机会，一个非常适合引发爆点的场景，我们必须抓住，没有别的选项。于是，在我的强压之下，这个产品的简陋版本（Minimum Viable Product）赶在春节以前上线了。

武器拿到，就可以开战了。

春节七天假期，我计划了四个基于微信的口碑传播营销，拉了一个实习生和我一起，几天时间内螺旋巡回式地设计、发布、运营、反馈数据。我能够做微信营销的基础，是我在微信上运营着一个活跃的司机社群，一开始我只是用它来做客服，但渐渐的，我发现司机的活跃度极高。当时，我像发现了一个金矿似的，客服这件听起来一点都不时髦的事情居然帮助我无意中打造了一个非常活跃的社群。我一边兴奋着惊喜着，一边摩拳擦掌：有这么好的社群在手，不做点营销岂不是太可惜？

那几天是非常痛苦的，痛苦程度绝对超过大多数传说中的广告创意行业的乙方。七天时间，我几乎没有下床，抱着电脑在床上写写算算，不洗脸不梳头,能推掉的饭局全部推掉,只有吃饭的时候在饭桌上出现一下,右手夹着菜左手还握着后台数据盯着看。

大年三十晚上,我的房间外面回响着电视里《春节联欢晚会》的声音,我虚掩着门,在敲锣打鼓、鞭炮连天的背景音乐里,一边写文案和设计口碑传播机制,一边和实习生探讨着如何从已有的活动里吸取经验、提高下一轮活动的效果,并且每几分钟就盯一眼后台的数据。新年钟声敲响的时候,我非常高兴地发现,那一刻还有很多司机在路上接单,我真的非常兴奋和感动,冲动之下,我想给所有此刻在线的司机都发去新年的问候,于是我写道:"新年的钟声响起,吉祥的羊年到来,感谢您以Uber这一特别的方式迎接新年,我们也相信,您与Uber的未来,一定会更加的特别与美好。鞭炮声中,梧桐树边,温暖的车内,让我们一起衷心期待一个新的美丽的开始。"短信发出之后,我满足地睡下了。

在此之前,我妈妈只知道我在一家出租车公司工作,她虽然不理解我为何从投资银行跳槽去出租车公司,但也没有说什么,直到亲眼看到蓬头垢面的我,才不禁追问:"你做的是什么工作呀?怎么这么忙?"

一两个月以后,Uber在市场的急速渗透让我妈妈认识了我所工作的"出租车公司",并且理解了这个崭新的出行形式。

这得益于新年这一周Uber扔下的这颗原子弹。新年战役的成效是令人惊异的。这一周的司机增长数量翻了好几番,之前集合全公司力量都没有达到的一个数字目标,在那一周被轻松突破,并且在接下来的几周达到了数倍的量级。

试验的成功也让我进一步意识到这个产品加上这套推广模式的威力,同时我意识到,这件事情不能等,必须快。于是,我改变了原有工作计划,过完年后的第三天,我带着上海的试验经验飞到旧金山,和产品经理、工程师们坐在一起改进产品,以最快的速度将上海的简陋版本改良后上线推广到全国。当时Uber在全国进入了九个城市,每个城市的创新和打法都各有所长,不少城市达到的实际效果都要比春节在上海发生的"魔术"还要更胜一筹,司机增长的速度持续提升,配合全面降价的市场策略,Uber在各地全面开花,业务瞬间站上了一个新的数量级。

当竞争对手们结束过年的假期,从家里、度假地回到办公室的时候,他们惊诧地发现"变天"了。

这场游戏到了这里,进入了最有意思的阶段:开战。滴滴看到低价产品的巨大力量,跟进上线快车,滴滴和Uber展开厮杀,价格大战、市场大战、PR大战以及具有争议的微信大战,对于其中的参与者而言,这是一生难遇的一场极其有意思的战争。更重要的是,这场战争吸引了巨量的关注和争论,也烧了大量的钱,与滴滴对快的的新年红包大战一样,这场战争迅速完成了专车市场在整个出行市场的跑马圈地。

至今我仍怀念那段每一分钟都杀红了眼的日子,人生难得棋逢对手。

2015年的春节，Uber的产品革新和社交媒体营销引燃了一把火种，过年之后的三四个月，Uber一下子在全国爆火，市场份额猛增，滴滴CEO程维在总结2015年上半年时说，滴滴的一个主要成就是"抵御住了Uber的进攻"。在这场非常精彩的战役中，产品革新是引爆点、武器，而每个城市团队就是突击部队。可以说，那三四个月的战役是一场非常典型的三三制战役，去中心化的组织结构和精简灵活的城市团队，发挥了至关重要的作用。

每一个城市就是一个战斗小组，全国9个城市的9个战斗小组组成了一支三三制的军团，每一个战斗小组都各有分工。经过数月的积累和生长，每个战斗小组都自主演化出他们各自擅长的部分，有的城市是高端品牌活动的发动机，有的城市深耕产品设计，有的城市擅长销售推广，有的城市在异业合作探索上不断取得大的突破，有的城市在数据分析上有大量的积累。于是，在各个领域，不断地、快速地有创新和突破发生，而通过适当的跨城市联合，这些创新被推广到全国，这些突破产生全国的网络效应，城市之间相互支持相互补足，在必要的时候互换角色。如果你看一眼整个战场的话，可以说是每一个战斗小组都在各自的分工里击破敌人，而小组之间灵活的调整，各个击破，四处攻陷，快速推进。

在前线"打仗"的同时，后方的产品和技术也在不断地研发"武器"。Uber 中国的运营团队组成了小分队,每天密切地与产品技术沟通,那段时间,每隔几天就开发出来一个新的产品,每隔几天就召开一次新产品培训,每一次新产品拿到手上,都将效率提升几乎一个数量级,这样的速度和配合,是我后来很少见到的。我仿佛觉得自己在"打仗"的时候,是穿着钢铁侠的盔甲在打敌人的肉身,打几枪还可以伸手换一个新的武器,非常酸爽。

在这场战役中,微信等社交媒体是非常重要的战场。当时的局面是,Uber 是一个没有自主流量的小 APP,其他竞争对手比 Uber 早两三年,大都通过出租车业务拥有了大量便宜的流量,用户进入漏斗(funnel)的顶部非常宽,而这是 Uber 不具有的。Uber 需要通过社交媒体去获取流量,它在社交媒体方面又做得极其出色。

Uber 可以说是中国第一个成功实现社交媒体营销的公司。回忆起 2014 年年底到 2015 年年初的那段时间,整个互联网圈盛行的说法是,所有人都知道社交媒体可以做营销,但是没有人真的做出效果来,营销圈在质疑,社交媒体营销是否只是一场热闹,而不会带来转化。Uber 的案例打消了人们的质疑。2015 年上半年,朋友圈几乎每天都被 Uber 的各种内容刷屏,著名的"Uber 打到豪车"之类的故事旷日持久地占据朋友圈,并且衍生出各种变体;"一键叫XX"活动此起彼伏,摇橹船、投资人、一个亿、猫咪抱、舞狮、玫瑰花,等等,每一个都充满了创意;大型品牌活动,如直升机、《复仇者联盟》等,获得了巨大的成功和关注;品牌异业合作有步调地展开,与知名品牌互相借力,一起做品牌营销、分享流量,可以说是开创了品牌异业合作的先河;线下异业合作全面开花,每个城市每天都有大大小小的异业合作活动,走到哪里都看得到Uber;甚至,连无法归类的创意都在每天冒出来,各种有趣的海报、UGC段子、短视频等,每天都爆发着创意和刷屏的内容。通过社交媒体营销,Uber不仅实现了品牌知名度的极大提升,也成为获取用户的重要渠道,它极大的成功,激发了整个市场用微信做营销的浪潮。

能够做到这一点,仍然和Uber去中心化的组织架构高度相关。高度授权、城市高度自治,令每一个城市可以针对当地的战局,非常快速地做出反应。"Be yourself"的公司文化,又让每一个员工的个性可以得到充分发挥,可以说,Uber当时的营销团队,是一堆有想法、有个性、有才气的准网红,而你们看到的营销,就是这些准网红的个人作品集合在一起的结果,可谓网红营销的早期形式。而与此同时,在市场活动全面开花的时候,Uber标准化的后台系统又确保了品牌设计的一致性,保持了一致的品牌形象。

当然,时间也是重要的,Uber的社会化营销也是借了微信公众号兴起的东风,可以说是利用公众号红利最出色的案例,这个红

利在现在这个时点就不再存在了。天时、地利、人和，让 Uber 在
2015 年上半年的战役中非常成功。

所以，从当时的整个局面来看，微信是 Uber 战场的"要塞"，从
战略上看，后来在微信平台里发生的事情正是非常正确地针对了
当时的战局。

战争归战争，这场非常精彩的大战过后，市场被迅速教育了，
Uber 和竞争对手们携手，用了比推广出租车网约车更短的时间，
将专车的消费习惯迅速培养起来，颠覆了出行行业，也让之后的网
约车合法化成为可能。

一个高科技公司里的小手工作坊

在这个世界上,有两个一见面便要拔刀相向的族群,一个叫作运营,一个叫作产品经理。

运营有一个最强大的武器,叫作"市场变化",市场是瞬息万变的,快速反应是制胜的要素;产品经理有一个最强大的盾牌,叫作"优先级",产品的更迭是需要全局考量的,也是需要时间的。从互联网诞生的那一天开始,这两方之间的刀光剑影就从未停止过。

在这一点上,Uber也绝不例外。

全世界都没有预料到Uber中国的发展速度。没有哪个国家经历过这么快的司机增长速度,没有哪个国家一周要新培训和上线这么多司机,Uber现有的产品虽然可以做,但已经不是这个体量下最合适的产品形态。

作为地面的运营,我们度过了一段极其痛苦的时光。

俗话说，智慧都是被逼出来的，于是，我们就开始想各种办法去打破常规。

最初的办法是升级流程和堆人。2014年年初，一个城市每周培训司机的数量是个位数。一年之后，这个数字变成了原来的上千倍。从几个到几万个，是完完全全不同的阶段，每个阶段都需要运用不同的运营方法，所以我对运营流程的改变，是以每周一小变、一月一大变的节奏进行的。组织司机的基础架构的变化、培训的形式和辅助措施的演进、客服的形式拓展和团队搭建、奖励的计算模式、司机准入和审核的模型与合作，等等，都在短时间内急速升级、不断打翻并重塑。

在飞速增长的时期，各个城市的团队升级压力都很大。在业务成长最快的时候，我每隔几天就会问自己，现在的运营模式能够支撑三个月以后的体量吗？如果业务体量一夜之间增长十倍，现在的运营模式能够撑得住吗？如果答案是否定的，那我就会开始着手制定更加scalable（可规模化）的运营方式。在一次又一次的拷问下，在Uber发展最快的时候，运营体系完全支撑住了发展，几乎没有掉链子。

直到有一天，我再问自己这个问题的时候，却发现流程的改变、人员组织架构的升级、人员数量的增加都不能解决我的问题了。我需要产品，我需要系统。

那时候，最大的困境在于Uber现有的司机上线的产品不适合如此大规模的体量，短期之内似乎也没有办法像机器猫一样突然变出来一个新的升级的产品给我们用。但是，面对每天如潮水般涌来的新司机，不能把他们挡在外面啊，所以我们就开动脑筋，开始寻找颠覆原有模式的方法了。

我们自己在系统之外搭建了一个司机报名的界面，这个界面用最简洁的形式、最友好的交互方式列示了需要司机填写的信息，司机培训的时候，我们不再让司机直接走官方流程，而是填写这个新的报名界面。之后，我们将收集到的信息归集到一处，然后，我们找来一堆实习生，把信息转填到Uber正式的系统里去，实习生都是经过一段时间培训的，是已经非常熟悉整个流程的熟练工，一天就可以处理掉一周的报名数量。依靠这个方式，我们大大提升了司机上线的效率。

后来，我们给这个环节取了一个很有趣的名字，叫作"Human API"。

API相当于不同的系统、不同的APP之间交换信息的语言。比如，你用微信的账户登录知乎，在系统背后发生的事情是，知乎经过你授权之后，用微信的API接口调用了你的微信账户信息，用这个信息完成了知乎的登录。而所谓的"Human API"指的就是，当我们不能用技术手段去做数据交换、去调用对方系统的信息时，我们用最原始的人力去做这个数据交换，相当于你登录知乎网站的时候，背后实际是一个客服小哥帮你把微信登录信息输入了知乎的普通登录界面里，帮你按了一下"登录"，于是你才会感觉到"哇，好方便"，其实这背后是一个小哥的功劳。

这个高科技与石器时代结合的方法现在想来依然又好笑又辛酸，

这个没有办法的办法、有点自嘲意味的名字，记录着我们那段在痛苦中寻找希望的日子，记录着一群有着小小的智慧、大大的乐观和绝不推卸责任的可爱的运营人。

后来，产品和技术的同事们注意到了这一点，并且意识到这对业务发展的重要性，于是他们开始介入这件事情，很积极地帮助我们改进产品。之后，我把我们发明出来的登录系统的每一步的过程画成图，发给旧金山的产品经理，问他们："你们可不可以做一个类似这样的上线流程出来给我们用呀？"

后来我知道，用专业术语来说，这张图叫作"产品原型图"。

于是，阴错阳差地，作为一个金融专业出身的纯外行，我就这么被"逼上梁山"，成了一位"产品经理"。

当然，我距离专业的产品经理还有三座阿尔卑斯山的距离，我顶多算是一个提需求小能手。真正的产品技术大拿们，在旧金山的总部。当中国的业务以超出所有人想象的速度快速增长，本地化的诉求也越来越迫切，总部建立起了一个专门为中国做产品和技术支持的工程师团队。

业务每天不停地往前跑，一刻不停地起飞，在一开始，产品和技术的支持落后于业务的发展，我们前线的运营人员跑得非常辛苦。工程师团队挥师来到中国，实地帮助我们解决问题。一线运营的痛苦程度让很多工程师非常惊讶，很多产品需求被提上议事日程。

　　但是,产品总是需要有优先级的,当有太多运营的事情需要产品帮助改进,而且每件事情都无比紧迫的时候,有的事情只能等。但是每等一天,就是又一天对运营人员体力和精力的过度消耗。这个时候,一些工程师开始抽自己的私人时间来帮我们做一些小工具、小产品,暂时帮我们度过中间的青黄不接期。这些工具真的帮了大忙,有的工程师用周末两天写出来的工具,帮助我们节省了很多很多的人力。

　　记得有一次工程师给我打电话,向我介绍他准备帮我们做的一个工具,介绍到激动之处,他说:"你们实在太苦了,我不能看你们这个样子。我来这家公司是要做点事情的,不论优先级怎么样,这个忙我一定要帮。"接到工程师电话的那一刻,我仿佛从一个挥刀杀敌血洒战场的女战士,瞬间变成了一个弱弱的杉菜,终于等来了来救我的F4,终于不是一个人在战斗。

　　后来,产品跟上了,一个又一个被做出来,每次产品上线都像一颗原子弹爆炸,运营效率实现指数级的增长。我也把精力从流程更多地转向产品,带着产品需求到全球各个地方去跑,去沟通。

　　在这一过程中,我结识了一帮非常可爱的工程师。工程师是个特别可爱的族群,每个人都和卡通人物一样,一方面非常极客地追求代码的极限,一方面又总是有一些很奇葩的执念爱好,比如对自己肌肉含量占比的关注精确到小数点后一位,比如对滑雪器材的研究深入到人体工程学的水平,比如翻来覆去研究自己对哪一种物质过敏。当然,我们也没少吵架，运营和产品技术对一件事情重要性的理解经常是不一样的，沟通起来大家喜欢用的方式也不一样，所以吵到拍桌子、吵到谁也不理谁的事情经常发生，不过后来我们都握手言和了。我们从彼此身上都学到很多东西，美国的产品技术有很多领先的地方，而中国也越来越多地出现了美国不曾出现过的创新，跨海的交流让我们一起进步。

　　毛主席说，没条件，创造条件也要上。毛主席又说，与天斗，与人斗，其乐无穷。那段时间反而是我觉得最有乐趣的时候，在产品条件暂时不允许的情况下，创造各种方法去颠覆和尝试，在既有体系里面寻找突破点，激发出无穷的创造力。后来创业的时候，我常收到来自运营对产品和开发的抱怨，而我的原则总是，产品不是运营不能做事的理由。没有产品，这事儿就不能做了吗？在把所有能尝试的方式穷尽完以前，运营没有理由推卸。

　　Uber像一个小宝贝一样，成长得很快。我的很多已经做了妈妈的朋友常跟我说，她们一步都不想离开自己的孩子，因为孩子每一分钟都在成长，离开几分钟，就错过了很多。我曾经非常不理解，但直到经历了Uber的快速成长，才算彻底理解。Uber就像是我的小孩，它疯狂地成长，每隔几天就是一个新的样子，曾经有好几个月的时间，我每天几乎不怎么睡觉，就是因为我不想错过这成长里的每一步,我想要观察到和思考到每一个东西,我想要解决每一个问题并且看到我的行动的结果,我想要和每一个人去探讨和学习。

那段日子是凄苦的,也是难忘的。和Uber小伙伴们的战斗友谊就是在那个时候结下的。大家很单纯,没有别的想法,就是想把这件事情做好,只要能把事情做好,什么脑筋都可以动,每个人都是卷起袖子就上,一点也不推脱。你的数据模型崩溃了,我卷起袖子帮你看一下怎么修改公式减少文件大小;我找到一个很好的方法,就迫不及待地与所有人分享。那时候,某个运营动作的系统速度比较慢,不得不熬夜做,所以我们就组了一个深夜群,所有人在一起熬夜,我们在群里互相说着笑话,互相幽默打趣儿地报着自己遇到的故障,每遇到一个新的故障,就好像发现一个新大陆一样,我们互相帮忙解决着问题,互相一个一个道着晚安,等一个又一个城市的负责人渐渐解决了问题,然后才睡下。我们常说,等熬夜完了,要一起去喝酒,但一直也没能有空。

曾经并肩战斗的记忆,因为这样的痛苦,这样的简单,而永远不会被忘记。

如何熬过验证商业模式的"傻瓜时间"

Uber的产品理念是"让出行像自来水一样可靠"。Uber对出行这件事情的理解,是人们要可靠、快速地从A点到达B点,于是产品只围绕这个诉求展开,其他与这一核心理念不相关的事情都做减法。

这一点在很多地方都被阐释过,并且大家想必已经在平时的乘车体验中体会到了这一产品理念,不必赘述。但我要说的,却是这个产品理念在还没有达到最佳体验的临界点以前的故事。

按照Uber的产品理念,车子在被Uber的APP链接起来,APP执行最近派单的算法,司机接一个乘客从A点到B点,放下乘客以后,收到B点附近的一个单子,从B点送到C点,这样一单接着一单,流动起来,使车辆的使用效率最大化。

这在现在看来是顺理成章的,但在Uber最开始的时候,这个理念曾受到非常大的挑战。最开始需要改变的是专车专业司机或准专业司机的使用习惯，和出租车司机不同，他们的使用习惯是整租或者预约。整租是包车至少一天，跟着用户，用户去开会了就在楼下等着。预约则是事先排好接送安排，例如九点钟约在虹桥机场接机，十二点安排了一个从静安寺到陆家嘴的单子，一点钟从陆家嘴到浦东机场送机。所以当我们向司机提出，你需要对今天的单子完全没有计划，停在路上上线，我们给你派单，司机便很难接受。

Uber能否达到最佳体验的关键在于密度，时间和空间的密度。

当密度小的时候，Uber体验是非常不好的，司机趴在路上，半个小时也没有一单；好不容易来一单，在十五分钟以外的地方，吭哧吭哧地开过去，才走两公里二十几块钱，放下乘客以后，又等半小时才来一个又是好远的单子。相比Uber畅想的"自动化"世界而言，当时的竞品采取了更加"手动化"的方式，只做半天起租的、机场长线的、预约的单子，这些APP都是沿着传统的租车思维在做产品。依靠长单、事先预约，它们都在短期内获得了比Uber更好的体验和更高的效率。

我们曾经也收到很多来自司机的建议：要做预约，要做包车产品，要做机场长单。但是，Uber模型的从0到1都已经被证实了，是业务到了一定的程度后一定可以跑通的，所以我很坚定地跟司机鼓吹Uber模型的好处，比如可以避免飞机晚点带来的麻烦等。

终于，伴随密度的不断增大，临界点到来了，我个人的经验是，大约在车辆密度让车辆平均到达时间在7分钟的时候，体验一下子发生了翻天覆地的变化。人们发现叫车很便捷,越来越多的乘客开始使用Uber;司机发现单子越来越多,等待的时间很短,接客的距离也很短,市内单子虽然客单价低,但是其更大的客户量和更高的频次让司机的收入更高,一下子令所谓的机场长单变得没那么吸引人了,而预约的长空档劣势也变得更加明显。Uber畅想的A点、B点、C点的模型真的实现了!于是,Uber很容易地从其他模式的竞争对手那里抢来了很多司机。

我们撑过的这段不被认可的日子,被一个投资界的前辈称作"傻瓜时间"。顾名思义,这是一个创新模式最开始的阶段,一个被所有人都不认可、被认为是"傻瓜"的一段时间。虽然很痛苦,但Uber的傻瓜时间还算好过。Uber在中国的一个优势是它的模型已经在美国被证实了,它很确定地知道这个临界点会到来,它知道会在什么条件下达到临界点,而且它通过融资已经有了充足的资金弹药,所以它要做的,只是用最快的速度烧到这个临界点,后面的就好办了。

对于投资人来说,"傻瓜时间"是最有价值的投资时间,当大多数人都没有认识到一个新公司的闪光点,没有炒高价格的时候,正是独具眼光的投资人发掘价值的时刻。但到了谈判桌的另外一边,对于一家创业公司来说,"傻瓜时间"无疑是一段非常煎熬的时间。假设你是一个CEO,你想出了一个如此颠覆性的新模式,但是这个模式要在业务到达一定规模的时候才开始发挥它的有效性,你不知道你的需求是真的还是假的,你不知道你的设想是真的会实现还是个伪命题,不知道业务量到什么时候会突然从无效变成有效,不知道临界点是来自于哪个指标,不知道这个指标是在哪个时间或者地理范围内,你手上也没有足够的钱去无止境地烧到那一天。如果跨过了那个点,普天同庆,怕就怕还没有憋到那个临界点,就放弃了,死在黎明到来前的一刻。

简单地想象一下,这是多么煎熬的过程,你是一堆蓝球里面唯一的黄球,黄球但凡对自己做的事情有任何的怀疑,都只能由自己一个人承担,不能把心里的不确定传达给员工,这对CEO是莫大的考验。

我见过的最终把模式跑通的CEO,都对模式本身有着非常深入的思考。以上的问题,哪怕没有答案、哪怕需要因时而动,都需要CEO有着清晰冷静的大脑,对行业有着深入的经验和理解。

像买卖股票一样打车

在我妈妈的世界里,有两个她所熟悉的市场:菜市场和股票市场。

菜市场里有不同的商贩,每个商贩所贩卖的东西都不一样,虽然可以分成肉铺、菜摊、水产铺、水果摊等,但是老王家卖的西红柿和老李家卖的西红柿是不一样的,我的妈妈拿起来摸一摸看一看,才能够知道质量的区别,然后根据不同的价格做出她的选择。

股票市场里有不同的股票,中国石油、中信银行、暴风科技、乐视网等,但这些股票都是标准化的,我的妈妈买了一些中国石油,但不需要对这一股中国石油和那一股中国石油进行区分,不论在哪个交易软件上都可以对中国石油的股票进行买卖。

这是两类不同的市场。

菜市场是非标品的市场,每个东西都是非标品,淘宝就是这样的市场。挑挑拣拣是逛菜市场的核心体验,所以淘宝追求的体验也围绕着挑挑拣拣展开,探索如何让用户更高效地挑挑拣拣到中意的产品,如何在挑挑拣拣中获得平台的商业利益。

而股票市场是标品的市场,标品的市场追求的是简单快速地处理和匹配海量的、标准化的供给和需求。最初的股票市场里,用来交易的是纸质的股票和钱;在现代的股票市场里,股票和钱都被虚拟化了,股民们每天交易的其实是一串记录在电脑里的数据。很显然,相比实物交易,这样的电子化的处理能够帮助股票交易系统更加高效地进行交易。与股票类似的被虚拟化的交易物还有铜、铝、铅、锌等贵金属,它们在伦敦金属交易所(LME)被交易。

这些被虚拟化的大宗商品都有一个特征,就是标准化,因为标准才能在虚拟化之后大规模地进行交易和无差异的交割。

在Uber出现以前,没有一个市场去对车辆和乘客的匹配进行规则化,市场主要基于人们在线下随机的动作——在路边招手拦车。但Uber对车辆的本质进行了深刻的了解,对车辆与乘客匹配的行为进行了深刻的了解,并且设想出了一个规则、一个市场、一个世界。在Uber设想出的这个世界里,车辆是无差异化的标准商品,而Uber系统的本质是对无差异化产品进行高效匹配,这其实就是创造出了一个新的类似股票市场的东西。

也许你觉得这一点并不难想到,但是,回想一下,在Uber出现以前,所有的打车APP,其产品逻辑都是你可以选择车、车可以选择你,这是类似"菜市场"的逻辑；再看现在的现存的几乎所有分享经济产品，都是类似"菜市场"挑挑拣拣的体验。而大胆到把一个线下体验颠覆成一个股票市场的，Uber是唯一一个。

这并不是一个容易的事情。拍过电影的人都知道，拍动画电影比拍真人电影的难度要大得多，因为真人电影总有一些规矩可以去遵守，无论是物理规律、世界样貌，还是演员动作，但动画电影则是个完全新创造的世界，这个世界遵循什么规则、长什么样子、主角可以做什么动作，全都可以颠覆，全都需要凭空想出来，所以能拍出一部好的动画电影的，一定是高手中的高手。创业也是一样，沿着既有的模式改进，没那么难，但颠覆一个模式，必须是高手中的高手。

这和创造世界是一样的道理，Uber为什么是一家伟大的公司，因为它试图创造一个世界，而且，它做到了。它提出了颠覆性的设想，创造出一个新的大宗商品市场，在其中将线下物品标准化，用一整套颠覆性的系统设想改变了原有的供给需求匹配方法，用算法代替了用户习以为常的线下行为，发挥了一个利用率较低的资产的额外价值。它也将设想落地形成了一套非常复杂的、涉及大量运算的系统，基于这个系统继续嫁接股票交易市场的概念，衍生出"动态定价"等极大提高效率的周边产品，顶住了运营初期受到的司机的质疑、熬过了"傻瓜时间"、证明了商业模型、做出了高效的复制模型、将其复制到全球60多个国家。

这以上的每一件事情，都是非常困难的，跨越其中的任何一件事情,都困难到足以使100家B轮公司死掉,但是Uber做到了。如果说Uber在做一个梦,这就是那个恢宏的梦;如果说Uber在做一件事情,这就是它真真正正办到的事情。

我没有经历它从零开始的阶段,但我经历了它在中国从零生长的过程,其中的经过和一些理念也许能给各位读者一些启发。

动态调价:对经济学基础原理的跨界应用

有一天,我们铁三角在吃饭的时候玩了一个游戏:每个人说出自己加入 Uber 的理由。轮到我的时候,我说:"因为 Surge(动态加价)。"朱迪哈哈大笑,她开玩笑地说:"你这个坏人,你又想给我的乘客加价!"

第一次看到 Uber 后台的动态加价模型的时候,我激动得快哭了,这是我第一次在除了股市以外的地方,看到利用供给需求曲线动态寻找均衡价格的模型应用,它将理论与实体结合得如此之漂亮,将经济学跨界到互联网交通,让一个学经济金融的人仿佛看见了珍宝一般。

供给需求曲线是经济学的基础理论,一条供给曲线、一条需求曲线,交叉的地方就是均衡的合理价格点和需求点。Uber 的动态调价系统就是根据供给数据和需求数据进行大量计算,模拟出当时当地的供给需求曲线,寻找到动态平衡的价格点,从而确定定价。

再一次地,Uber 在出行领域创造了一个强大的规则。在这个规则

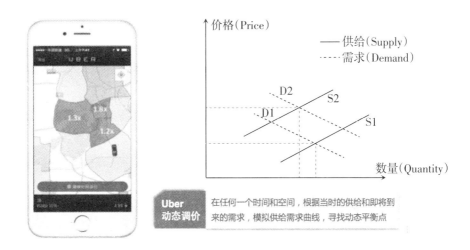

下,车辆的供给和需求不匹配的问题被经济杠杆解决了,当遇到早晚高峰或者下雨等极端天气,车辆供不应求的时候,系统自动根据供给需求计算合理价格,并实施加价操作。这时,司机看到价格变高了,就会有更多的车子上线,乘客看到涨价了,就可以选择是否坐车,车辆会被分配给真正需要这辆车的人:赶时间的人愿意支付高价,就可以点击同意、进行叫车,不着急的人就可以不同意高价,去坐地铁或者等待高峰过去再叫车。这对系统是极有效的,体验也是极好的,所以每下一次雨,Uber的粉丝都会自动猛涨。

　　我从小时候开始,就经常在电视里听见关于出租车缺车或价格的辩论,被讨论过的解决方式从行政的到市场的都有,二十多年过去,这个问题被一个伟大的公司和几个科学家用一个强大的模型和算法解决了。我始终觉得,这个产品值得一座诺贝尔经济学奖杯。

标品市场和动态加价是Uber现有的业务模式里两个重要的基础产品逻辑。

有人说,Uber做的事情和出租车是一样的,它只不过是一个更大的垄断型出租车公司,凭什么有700亿美元的估值?事实上,Uber不是一个简单地做O2O苦活累活的公司,它所发明的系统和规则让互联网替代了线下的行为,实现了系统的效率改进,这才是它的价值所在。虽然分享经济可以分享各种东西,但是能够创造出一个新的大宗商品市场,在其中将线下物品标准化,用一整套颠覆性的系统设想改变原有的供给需求匹配方法,用算法代替了用户习以为常的线下行为,发挥利用率较低的资产的额外价值,能做到这一点的,Uber是为数不多的一个。

反观当下的创业热潮,虽然分享经济可以分享很多东西,但有多少真正实现了互联网的价值呢?此起彼伏的O2O,有多少比传统行业效率高?人们经常说这是某某领域的Uber,但有谁真的理解了Uber系统的价值所在,真的在本质上做到了Uber这般的效率提升呢?

规则、数据、激励

创业就像是一边修车一边加油,每天都在新的问题中快跑,在不确定性中突围,而如果足够幸运地登上了火箭,发展的速度变成了惊人的光速,那么其中的甜蜜和痛苦都会成倍地增加。一个以光速前进的火箭,要如何一边修一边快跑呢?这就到了拼内功的时候,高效的、可规模化的规则,是为事业光速发展保驾护航的利器。

Uber有很多来自于投资银行的员工,他们进入Uber以前都在投行做了多年财务模型。但是大家的一致感觉是,反而是在Uber这间运营驱动的互联网公司里,我们比在投资银行时做了更多数学分析,更加密集地和数字打交道。

Uber的数据基建很完善和强大,并且投入了大量资源让数据库能够支持运营人员的分析。强大的数据给了运营很多空间。他们一方面可以基于数据做很多分析,另一方面可以根据不同的标准进行运营。当一种新的运营需求出现的时候,数据如果能够支持这种需求,就给运营的发挥提供了更广阔的空间。这帮硅谷的顽童们还把数据可视化做得很有意思,让某些功能用起来就像打游戏一样,让我们能时不时会心一笑。

数据导向的思维方式同样根植在Uber的基因里。有时候听到朋友跟我抱怨遇到不靠谱的人满嘴跑火车、拍胸脯说大话时有多痛苦,我会半开玩笑地说,只要把这个人扔到Uber来一个月,这个毛病肯定就好了。我曾经很习惯想当然地说一个东西好、有效、靠谱、可以做,或者说"因为别人都这么做,所以我们肯定也得这么做",但这种时候,我往往会被数据打脸,等到数据真的跑出来以后,我总是直接灰溜溜地不敢再提及自己以前说过的话了。不负责任地说大话在Uber是很容易被打脸的。虽说做数据分析特别花时间花脑力,但简单明了。数据导向的思维方式也为Uber奠定了踏实、执行力强的文化基础。在Uber的企业文化里,有大量的鼓励胜利、best idea wins(最好的主意获得胜利)等元素,只有当每个人都认可数据这样一种通用的语言时,才能够定义什么是最好的主意,什么是胜利,不然公司就整个乱了。

基于数据分析,人们不会说没有根据的话,这样就节省了用于判断和筛选不靠谱信息的时间;基于数据分析,人们的底层语言是一致的,不会出现因为标准不一致、定义不一致而浪费时间去争论的情况;基于数据,可以快速地进行A／B测试,快速低成本地试错,让创新和改进以最低成本、最快速度发生。

和大多数公司的数据分析不同,O2O行业的数据分析,需要在行为和数据之间进行互相翻译。在进入实业公司以前,这是投资银行从业者的基本功,即了解公司业务,翻译转化成财务数据和逻辑,搭建财务模型。

司机是个庞大而复杂的群体,你既需要离他们很近去了解他们,又需要抽离细节去观察大局,两者间嫁接的桥梁,就是把他们的行为和东西抽象成数据,在数据里寻找答案。所以,我时常会问一些很有趣的问题:这个动机会产生什么行为?体现在数据上是什么?这个数据看起来有鬼,是什么行为导致的?每当数据和观察互相吻合的一刻,总有一种在游戏里找到通关秘籍的快感。

激励则是另一项非常重要的规则。

如何用奖励手段去激励司机,是一个持续的话题。我们前前后后试验过的方法不下百种,每一种不同的激励方法,都会引发司机不同的行为。

正如前文所说,一开始Uber的供应商是租赁公司,司机是租赁公司的员工,是拿固定工资的。这是一种陈旧的激励方法,也是市场拓展初期的不得已而为之,但有趣的部分是,在这种规则下观察到的司机行为,为我们日后的奖励设置提供了很多启发。

在"铁饭碗"激励机制下,我彻底体会了到什么叫"人民群众的智慧是无穷的":每一个司机都在试图偷懒,试图干最少的活但依然拿到固定工资。他们躲在各种各样的地方,让单子派不到他们,他们用各种各样的理由不上线,他们有各种特殊情况导致没法接单。

于是,我每天的工作就变成了猫鼠游戏,每天都在逮偷懒的司机。好在Uber的数据很强大,于是,每一个偷懒行为,我都能找到一个数据指标去规范司机。我每天都在观察司机的行为,思考行为背后有什么猫腻,跑数据验证猫腻存在与否,然后和租赁公司以及司机内线去证实、沟通、修正。

但是,在不合理的规则下,再强大的数据分析都是没有用的,我每规避一种旧的偷懒方法,就会有一种新的偷懒方法跑出来,每设置一个新的数据指标,司机们都能找到绕过指标的方法,指标越设越多,偷懒方法越来越进化。

说服教育也是没有用的。某家上市的租赁公司一直是全平台的老大难,他们的一位司机几乎每天都处于不工作的状态,我和这家公司的领导约谈了不下五次,丝毫没有改善。我感到无比挫败,在投行的时候能够说服企业老总拿到几十亿金额的单子,但到了Uber居然说服不了一个想要偷懒的司机。后来,这个司机出来自己开公司,成了业绩最高的司机,这是后话了。

惩罚也是没有用的。司机们会找到各种理由去为自己的偷懒行为开脱,有人总是有家人生病,有人的小孩每周都过生日,有人总是尿急,有人的手机总是在关键时刻死机,而租赁公司也总是替他们的员工说话。

有一天凌晨三点,我起床上厕所,鬼使神差地看了一眼后台,居然看到了异样的情况,顺着异样的线索往下追查,居然抓到一个在偷懒的司机,我一下子就清醒了,瞬间想明白了这个司机是怎么利用半夜的机会偷懒的,气得我心跳加速,上床以后过了好久才又睡着。第二天起床的时候,我感到一种无力感侵袭了自己的全身,是啊,各种偷懒的方法像潮水一般,从各个我意想不到的领域、意想不到的时间,以意想不到的方式冒出来。我仿佛一个守门员站在球门中央,球从四面八方向我踢来,我左右翻飞地扑球,我扑回去一个,又漏了另外一个。我疲于奔命,但拥来的球却越来越多,我只好无力地坐在球门中间,任由一个又一个球打在我身上、打进门里,渐渐填满了整个球门。

直到分成和激励规则变成了平台与司机分成结算之后,司机的活力才一下子焕发了,变得很积极主动。合理的激励,引发了正确的行为。

后来,我们尝试过各种激励方式,翻倍奖、冲单奖、每单奖、保底奖、排名奖、服务奖,等等。每一种奖励都会收到司机立竿见影的行为反馈,有的效果很好,有的是个大坑,简直可以组成一部行为经济学案例教材。

我们也偶尔尝试过玩花样,用些小trick(计谋)去诱导司机往我们想要的方向去做,但这些小花样无一例外都很快被发现,想玩花样的人最后总是被司机玩死，只能赶紧停止。"不要把用户当傻子"，这句话是绝对的真理。规则永远不能试图藐视个人。

做运营就像在做一个小小的赌场，你像庄家一样站在后台，看得见你设计的每一个规则里人们的反应。在不断设计规则、不断看到结果的过程中，我充分体会了人的智慧。人只靠硬管是管不住的，靠洗脑也是没有用的，你必须激励他，必须启发他的自主性，靠经济杠杆，靠合理的规则设定去管理司机。

在那短短的几个月时间里，我仿佛真真实实地经历了中国从计划经济转变到市场经济、再向分享经济演进的过程。

要问中国这三十年多的奇迹来自于哪里，它正是来自于规则的改变，从一切服从计划到充分尊重和发挥市场的力量，使得整个中国焕发了活力，这Uber激励司机、企业激励员工何等相似。

解开"C轮死"的魔咒:大举扩张以前的复制模型搭建

曾经有创业领域的前辈开玩笑说,处于B轮到C轮之间的创业者,晚上几乎都在失眠。这是一句玩笑话,但也是一种现实的反映。为什么呢?因为从B轮到C轮是创业者需要迈过的一个大坎。B轮以前,投资者看团队、看概念、看规模数据,但到了C轮,就需要验证商业模式了,而能投C轮的基金数量骤减。可以说,从B轮走到C轮,创业公司需要完成一次脱胎换骨般的升级:商业模式验证、产品技术升级、运营效率升级、组织架构升级、核心团队成长再造,等等。能够活着走完这条险径的公司,少之又少。

从B轮到C轮,创业公司面临的最大挣扎,就是快速扩张与提升内功之间的关系。在B轮到C轮之间的创业者,心态和局势都是微妙的。一方面,融了很多钱,需要看到效果,看到数据的增长,所以必须大举扩张;另一方面,需要验证商业模式,为了能够支撑更高规模的数量级的增长，也许需要产品和模式的进化甚至改变，这需要投入资源、需要冷静的思考。在资源和时间有限的情况下，这是一对矛盾的目标，也是摆在每一个创业者面前的艰难选择。在扩张的压力和验证商业模式之间，能够趟出一条康庄大道的公司，更是少之又少。

在现实中，没有跨过 B 轮，倒在 C 轮前夕的公司比比皆是。VC 界普遍的认知是，90% 的创业公司会面临"C 轮死"的命运。在已经"C 轮死"的公司里，众多公司倒在了盲目扩张上：有的公司在需求真实性尚未被验证的情况下就盲目烧钱，比如澎湃养车，其曾经获得创新工场千万元 A 轮投资，京东、易车等参与的 B 轮 1.1 亿元融资，在 2016 年 4 月 C 轮融资失败，清明节发布公众号文章宣布公司倒闭；有的公司对商业模式前景欠缺理解，试图用垂直对抗大平台，比如蜜淘网，在获得经纬、祥峰等创投的 A、B 轮融资之后，用地铁刷广告的方式让业务量大举跃进，但当小玩家进入到大流量平台的领地时，就丧失了规模尚小时的优势，与京东、阿里巴巴、聚美优品等巨头的价格战让其精疲力竭，最终在 2016 年倒闭；有的公司在业务突飞猛进的时候管理能力没有跟上，对内部缺乏管控，导致业务造假注水，比如一亩田，在获得红杉资本、光信资本等领投的 A、B 轮融资之后，员工扩张至 3000 人，在 2015 年出现业务数据大规模造假的风波，随后大规模裁员，C 轮遇阻，从此一蹶不振；还有现在众多的 O2O 公司，在扩张模型尚未摸透的情况下就进军多个城市，成本急剧上升，从而不得不大幅裁员缩减战线，这些公司都即将面临 C 轮的生死考验。

在复制扩张上，Uber提供了一个教科书式的案例。Uber在不断扩张城市的时候，效率是不断变高的。Uber在总部旧金山达到每周百万单行程花了4年时间，在进入上海的时候花了一年时间，而在2016年新进入的城市里经常在开通的第二周行程就过百万单了。开通Uber的城市越多公司就越轻松，而不是很多创业公司面临的城市越多包袱越大。不要忘了，Uber采用的是一种相当重线下的业务模式，但当它进入60多个国家的400个城市之后，在这么多环境、文化都不一样的市场里，依然能够保持高效的运转，这其中有一些做法无疑是值得所有人借鉴的。

2015年7月，在延迟一年入学以后，我向麻省理工斯隆商学院（MIT Sloan School of Management）正式提出，不去上MBA了，自己会继续留在Uber，以及准备开始一段新的创业，这段连续的创业旅程，已经是真刀真枪的商业实践。麻省理工斯隆商学院表示理解，并欢迎我为商学院的学生们提供创业实践的知识和机会。

于是，我和麻省理工的老师聊起Uber在中国奇迹般的发展，我笑着说，未来有一天，我一定会把Uber的全球化模型写成商学院的案例。虽然我最终没有在麻省理工求学，但也可以在斯隆商学院的案例库里贡献一把。

是的，Uber的全球化是一个非常特殊的案例。从现在看来，它带来了局部地区的巨大成功，而故事至今尚未结束，其中的因会发展出怎样的果，还有待时间的发酵。

那么，Uber是怎么做全球化的呢？

按照商学院教科书里的做法，当一家公司决定进入一个新的国家的时候，它会做好全球战略部署、用波士顿咨询公司的标准模型分析市场前景及策略、制定自上而下的完整架构和步调、寻找当地的合作伙伴甚至股东、筹建架构和团队。你见过的所有做出声响的外资企业，当他们计划进入中国的时候，都是这一套做法。

但Uber的做法却要"野蛮生长"得多，一言以概之，它在全球主要城市撒下　把种子，让这些种子自然成长，谁长出来了，就给予更多的资源；谁没有长出来，就顺其自然。

2013年，Uber派了一个年轻人来到新加坡，这个年轻人在Uber已经工作了将近三年，是早期城市的铁三角之一。这一次，这个年轻人不是来做运营的，他是来充当"哥伦布"这一角色的。他第一次站上这个新的大洲，在一个星巴克里打开了亚洲的地图，开始在地图上写写画画，他用铅笔画过的将近十个城市，就是Uber在亚洲撒下的第一批种子。随后，Uber从全球抽调了短小精悍的拓展团队，这十人左右的小组由具有亚洲背景的人组成，仿佛首次登陆南美洲的西班牙舰队一样，开始了在这片市场的征战。

自此，亚洲的星星之火悄悄燃起，台北、上海、新加坡、孟买、首尔、东京……APP本土化、支付、地图服务、市场筹备、团队招募，静悄悄的，在亚洲这片未被开发的热土里,一个个火苗燃起了,每个城市里都发生着和上海或类似或不同的故事。

三年过去,这一批城市的际遇大相径庭,中国城市成为一颗颗耀眼的明星,其他国家的城市,有的表现亮眼,有的自给自足,有的止步不前。每一个城市都经历了一场不一样的成长故事,伴随业务的深入开展,每一个市场的关键要素也出现了不同,监管、竞争、支付、供给量,等等。

在开始全球扩张以前,Uber的商业模式已经走通了,在旧金山等早期城市已经实现盈利,并傍上了谷歌这样的大腿,明确了它是打车流量入口的地位,剩下的,就是怎么高效地完成复制了。

第一步,找到正确的最小运营单元。

是的,你也许从第一天认识Uber开始,就听过"每个城市都是一个创业公司,每个城市都是从铁三角开始"的传说。为什么Uber要这么做,而不是用别的方式呢?

最根本的,以城市为单位取决于Uber的商业模式。

互联网最重要的要素是网络效应,而不同业务模式的网络效应的单元是不同的。微信没有地域的限制,哪怕韩梅梅在中国,李雷在美国,只要有网络,都不影响他们的关系链和在微信上的任何动作,韩梅梅可以介绍李雷成为微信用户,李雷因为要和韩梅梅聊天而留在微信。但涉及线下的业务就复杂得多,我们看到Airbnb并没有城市团队甚至没有国家团队,美团外卖的团队和数据分析是以商圈蜂窝为单位的,而Uber一定有城市团队,为什么呢?Airbnb经营的是跨城市关系链,供给端是不动产,而需求端是跨城市移动的,房主和用户的关系链和网络效应的生长可以跨越城市或国家的限制。Uber经营的是同城关系链,需求端不动,而供给端在同一个城市内移动,除了少量的出差用户以外,网络效应无法跨城市,哪怕上海做到每个人都是用户,到了北京也得重新来过。外卖经营的是商圈关系链,需求端和供给端都不动,而货品通过最后一公里物流进行移动,由于食物所需的时效性和新鲜度要求,配送范围限制在几公里以内,网络效应较难跨商圈,三里屯的必胜客外卖体验再好,也无法吸引中关村的用户下单。每个业务形态都有其对应的网络效应的单元,这决定了这个业务的最小运营单位,组织架构、系统、数据都必须围绕最小运营单位进行组织。因此,Uber的网络效应是以城市为单位的,城市是Uber的最小运营单元。

很多人来问我,怎么才能复制Uber的城市铁三角团队。此时,我会建议创业公司先想好自己的最小运营单元是什么。是城市?还是商圈?还是全国?其次才是建立城市铁三角的问题。

除此以外,大多数城市的交通运输管理是以城市为单位的,不同城市的交通运输政策和管理方式都不一样,这也是原因之一。

另外,传统的战略分析模型是不适合创新企业的。传统战略咨询常用的模型,其逻辑基本都是在分析市场整体的版图以及个体公司在竞争其中的优劣势和定位,而创新企业的最大特征就是市场是未知的,需求是新型的,竞争对手是不存在的。在这种情况下,Uber不可能和宝洁一样先调研一番家化市场和人口画像再进军中国,只有做了,才知道这个城市的市场如何。

当进入亚洲的时候,Uber已经是一个创办三年多的较为成熟的创业公司了,但在亚洲,整个市场都是新的。这里的城市铁三角,不是来成为一家数百人的公司里的一个员工,而是来开疆拓土的,这就是创业。

第二步,找到复制扩张的组织架构。

既然商业模式决定了Uber的全球拓展是"撒一把种子"、"先把球踢出去"的方式,那么这一把种子就一定要低成本、高效率,不然这么大规模的扩张,必然拖累太多资源。Uber非常核心的竞争力之一,就是它"中央厨房"出产的标准化城市拓展模型。

Uber的城市拓展有一套非常流水线式的阶段模型,从拓展团队到城市铁三角,再到完整的城市团队。每个团队对应不同的城市阶段,也需要不同的人力模型,每个团队的职责都有标准的行为指引。

城市的铁三角,就是城市的初创团队。铁三角由三个角色构成:城市经理、运营经理、市场经理,运营经理负责供给端和产品,市场经理负责市场推广,城市经理负责策略和人事、行政、财务,他们就是一家创业公司的CEO、COO和CMO。他们做的是一个城市从0到1的过程,这是最痛苦、最富有挑战性,但也最能全面锻炼一个人的角色。他们摸着石头过河,一旦这个城市从初创期走过了"天使轮",他们就可以组建一个完整的团队了,招募更多的运营和市场经理,将各条线的业务分模块、分权责。后来,很多创业公司和我聊天,聊完之后他们的一致感触是,铁三角团队是一个CEO孵化器,这里面所锻炼出来的能力模型,并非单一岗位,而是打造了一个公司最高管理者的草图。

最后一步,把扩张模型做成产品。

人是很难标准化的,尤其每个城市创始团队里的人,都是最有独立想法、最有创新意识、很难完全控制的,如何确保这些人创造出来的城市业务和Uber的战略方向一致?靠天天开会洗脑肯定是不高效甚至是不可能实现的。Uber很聪明的一点,在于它用系统润物细无声地做到了一致。

在迈出扩张的步伐以前,Uber已经很明确什么是核心的不可改变的,什么是需要因地制宜的。全球化的规则,都被放在了系统里。比如Uber最有名的一键打飞机、一键叫来佟大为、一键叫冰淇淋等,都是高度产品化的,当地团队只需要接洽不同的合作方——飞机供应商、佟大为、冰淇淋供应商,剩下的APP呈现、活动形式都是系统内高度标准化的,但如果有市场经理想要做预约用车的活动,对不起,这类活动的任何一个环节都无法在系统里设置,因为预约用车是和Uber的理念违背的。这样的系统设置,反映的是Uber的市场活动规则,即只需要按一个按钮,就可以把一个平时很难取得的服务叫到你身边。这正突出了Uber

的最大核心用户价值:将"叫车"这件很麻烦的事情,变成一个按钮就可以完成的简单操作。通过规则和系统的权限设置,Uber在全球范围内推广了它的即时叫车理念,而且结合当地的特色,比如美国可以一键打到"权力的游戏",中国可以一键舞狮等,从而取得了市场活动标准化和灵活度的平衡。与此类似,众多运营逻辑都有系统的配合,作为运营人员,后台有大量的参数可以修改,以配合不同城市的市场情况,而越是与核心理念靠近,就越需要总部的权限,甚至是不可触碰。

可以说,Uber的全球拓展模型比较清晰,并且被植入到了其基础设施里。

这听起来并没有多么伟大,似乎很多人都可以想到,但试想一下,当Uber进入60个国家的400多个城市时,如果每一个城市都需要大量的培训去普及公司规则,每周都开一次会去洗脑,会浪费多少时间?如果每个城市在遇到新情况的时候都需要去问一下总部这件事情能不能做,那总部需要招聘多少了解60多个国家实地情况的人?灵活度谈何而言?最简单的,如果每一个新入职的市场经理都问一遍能不能做预约用车的活动,总部是否要准备一个24小时热线电话来专门回答各个时区的问题呢?如果这件事情是由人海战术、用不停开会的方式来做的,那么这家公司早就死了,只有思考得很清楚的规则以及相应的后台产品化才能做到这一点。

Uber这台全球化的机器仿佛昼夜不停的印钞机一样,流水线一般自动化地不断复制和孵化出一个又一个新的城市市场。诚然，Uber并非在每一个市场都做到最好，但是，能够有效管理60多个国家的数百个城市市场，在差异化和统一化、在效率和灵活度之间取得平衡，并在全球范围内取得成功，是一件伟大的事情。在中国互联网行业逐渐走到世界领先地位，并开始全球化进程的时候，Uber的案例值得中国互联网公司借鉴。

当然，从战略的角度来说，Uber可以选择的全球化路径或许不止这一条，股权等方式都是不错的可能，我们暂不探讨。时间会告诉我们答案。

第三章

Uber 的宫殿里没有国王

"打仗"就是最好的团队建设

搬到新的办公室后,Uber上海团队从三个人扩充到了十多个人。但办公室里面依然没有装修,只是桌子从两张变成了十张,有了三个柜子,老墨有了一个冰箱用来放他爱吃的零食,朱迪有了足够的空间可以放她的小香水,我也有了一个窗台可以放我的小熊公仔。

工作却依然忙碌,甚至是更加忙碌。入秋,业务成果喜人,大家每一天拼搏得都很有冲劲,但身体的疲劳也体现在了蜡黄的脸色上。有一天,老墨说,这个周末咱们组团去苏州吃大闸蟹吧,可以在阳澄湖上一边乘船一边吃大闸蟹,放松放松,不谈业务。

大家一方面很高兴,另一方面又愁眉不展,因为周末有司机培训要在现场盯着,有好不容易约上的合作伙伴要谈,还打算利用周末写一写全国经验分享的文件呢……大家都有各种工作要忙,竟然凑不出来一天时间是大家都有空的。于是我们决定,改到下一个周末再去。可到了下一个周末，人算不如天算，我们临时筹划了一个用户活动，市场部门的小伙伴们都要留下来做准备，于是"大闸蟹之行"又不得不再推迟一周。

结果，去苏州的计划就这样被一周又一周地延迟了，我们发现，拿出来一整天的时间来做团队建设，真是一件太奢侈的事情。一直到大闸蟹都下市了，我们也没有吃上。那是我唯一一个在距离大闸蟹那么近的城市度过的秋天，也是我唯一一个没有吃上大闸蟹的秋天。

在我的记忆里，Uber很少有正儿八经的团建，我们唯一能够做团建的时候，就是做市场活动的时候。

印象最深的团建是一次送冰淇淋的市场活动。那时，团队还只有三个人，我们又做策划又做执行，既做甲方也做乙方甚至还做丙方。活动当天，我们没有任何额外的人手，就亲自上场送冰淇淋。

一大早，我们穿上全球统一的冰淇淋T恤和自己的俏皮裙子或裤子，在办公室里拍了张冰淇淋送货小妹的头像，就一人跟一辆车子出发去送冰淇淋了。

为了让活动有吸引眼球的效果，我们弄来了几辆冰淇淋车——就是在公园里可以见到的那种后面很大、有一个阿姨伸出头来卖冰淇淋的车子。当时，整个上海都找不到这种冰淇淋车，我们还是特地拜托人从苏州弄过来的。

但那车子可不是用来行进的，也不是用来坐人的，车子后面只有一个冰柜，没有座位，车上杂物间里摆放了一个小板凳，我就坐在上面。车开起来的时候板凳左右摇晃，我只好抓住外壁火烫的冷柜不让身体倒下，后座还完全不通风，插电冷柜散出的热气烘烤得我快晕过去了，汗水使我的整个脸和身子都湿了，估计电影里那些被绑架的人质也不会遭受比这更差的待遇吧。

但是，品牌的高大上形象还是要维持的，每到一个用户那里，我就擦擦汗，整理整理衣服，把冰淇淋从冰柜里拿出来，放在漂亮的Uber特制包装盒里，小心地把其他纪念品在手袋里码整齐，以一副青春又有活力的样子出现在用户面前。

我一边送冰淇淋一边乐呵呵地想，如果用户们知道，他们感受到的高大上背后都是这般的艰苦，是不是也会写一篇歌颂劳动人民的文章来送给我。

向别人传递快乐，是一件很快乐的事情。那天下午的时候，我接到一个单子，来电居然是一个英国的号码，我疑惑地接起电话，原来是一个在英国留学的男生，他知道Uber这天在全球做冰淇淋活动，也知道上海同样加入了送冰淇淋的阵营中，于是特地起了个大早，想给在上海工作的女朋友订一个冰淇淋，给她一个惊喜。我在听筒这边睁大了惊异的眼睛，心脏又开心又激动地怦怦跳。女生从静安寺的一幢写字楼里下来，我小小地故作神秘了一下之后，才揭晓了谜底，看着她脸上的表情从迷惑变成惊讶又变成感动，我在一旁开心得仿佛是自己收到了惊喜

127

一样。

一天的活动结束,我们回到了出发的大本营,每辆车上的小伙伴都特别兴奋和开心,大家意犹未尽,想再做些疯狂一点的事情。于是,我们和司机一起,爬到冰淇淋车的顶上,互相分享着那天在各自车上遇到的快乐故事,摆出胜利的姿势拍照,开心得又叫又跳。那一天开心的笑声,仿佛如今还回响在耳边。

后来,我们的团队变大了,大多数活动都不再需要我们现场跟踪,但我们还是会选择一些活动去参加,比如"一键打到直升机"、"5·20单车送玫瑰"等,每一次活动的过程大家都特别开心,这也帮助我们在一线获得了接触用户的机会。

在Uber,加班也是一种团建的方式。

当偶尔休息的时候,我们最平常的活动就是相约到某个地方一起加班。武康路上好几个人烟稀少的咖啡馆都是我们的据点。Uber上海的第四个成员"小舅子"是一个暖男,他之所以受到所有同事的欢迎并不是因为他过硬的市场本领,而是因为他煮的一手好面。他不仅会煮中式的鸡蛋汤面,也会煮西式的意大利面。小舅子的治愈系意大利面伴随着我们度过了无数难忘的时光:被合作伙伴欺负了,去小舅子家吃碗面泄愤;加班加得奄奄一息了,去小舅子家吃碗面补补元气;做客服做到被负能量淹没了,去小舅子家吃碗面排毒;没灵感没方向了,去小舅子家吃碗面顺便开开脑洞;闲下来的时候反而不习惯了,去小舅子家吃碗面一起找点事情做……后来,他的家也成了大家经常去加班的地方,去小舅子家"加班 + 吃面"成为了我们的周末标配。

在 Uber 工作期间是我人生到目前为止最苦最累的一段时光,没有之一,但同时也是最快乐最兴奋的一段时光。每一天的工作都很开心和激动,这是一件很神奇的事情。

关于企业文化的研究和方法论有千千万万,"狼性"与"小白兔"的探讨也在相当长一段时间内被人们反反复复地讨论。什么样的企业会有一群狼,什么样的企业会养一群小白兔呢?当我们把方法论都放在一边,不难发现:在一个周围被虎视眈眈的狼群盯着的地方,小白兔也会变成狼;在一个阳光海滩、牛羊吃草的地方,狼也会变成小白兔。"打仗"就是最好的团建,是最好的产生斗志和团队凝聚力的方式。

有些人,想要和他们一起喝醉

2014年7月,Uber正式落地北京。具有历史意义的是,北京是Uber在全球开展业务的第一百座城市。在北京的正式落地发布会上,Uber创始人特拉维斯·卡兰尼克在三里屯一个并不大的发布会场里,第一次面对中国的媒体介绍了Uber的创业故事、理念和愿景。

这是特拉维斯第一次来到亚洲,虽然后来他每年都会有几十天时间待在中国,但在2014年的时候,亚洲可是第一次受到这位Uber的CEO如此重视。同时,这也是一个很好的时机,能够让分散在各个城市的团队好好见上一次面。于是,整个亚洲的Uber员工从各个地方飞到了北京,这听起来似乎很华丽,但其实,当时Uber在全亚洲的员工也不过只有几十人而已。

那是Uber亚洲团队的第一次团建,后来的每一次团建,我们都笑称是"网友见面",因为大家平时都分散在各自的城市里,沟通的方式是通过电子邮件和即时通信软件，只能通过视频会议见面，不少人虽然互相做了一年的同事，合作亲密无间，但居然从来没有真正见过面。

距离并不会阻碍感情，每一次见面，都是不眠之夜，一起畅谈，一起喝酒，一起度过最快乐的时光。我本不是爱喝酒的人，但在这一次次的相聚中，我才第一次知道，有些人，你会想要和他们一起喝醉。

伴随整个中国团队的长大，团队的管理和文化建设的必要性渐渐浮上水面。分散在各个地方的团队如何增加凝聚力、形成合力、合作分工成了亟须解决的问题。

激发司机的主动性，是我们已经驾轻就熟的领域，而回到我们自身，回到公司内部，每一支战斗小分队已经是超强的个体单元，但在全国的层面，如何激发每一个人的潜力，将每一支战斗小分队的能量横向延展，形成一支战斗力超强的军队，则是一个新的议题。

除此以外，面对下一个"10倍的增长"，现有城市的自由创新必须在一个可标准化、可产品化的体系下运行，这是基于那个阶段的判断，我们必须开始提前规划的事情。在这两个问题上，我和亚洲主管一拍即合，于是，我奉命开始筹划全国的团队管理。

这项工作开始，我们做了一个"全国运营大交换"项目，每个人可以选择一个自己想去的城市，进行几天的时间工作交换。这本是一种最快、最轻、最简单的方式，可以在不改变任何架构的前提下实现团队交融，不料却得到了非常好的效果。

就像当年刚刚被市场经济释放了市场活力和消费活力的人们一样,每个小伙伴压抑已久的"想认识自己的小伙伴"、"想向做得好的城市学习"的愿望被激发了,释放出无穷的能量。在实习交换项目的那几周里,从各个城市都传来欢快的相聚乐章,大家深度交换了彼此的城市特性、战术、经验做法以及好用的工具,大家自动地把睡眠时间疯狂压缩,如饥似渴地交流、学习,并成为朋友。

交换项目的效果立竿见影。交换项目结束后没过两周,某些城市的数据就"噌"的一下暴涨了,好的做法开始在大多数城市自动蔓延,为之后的标准化和产品化奠定了基础。一个豪华集团军的阵势,眼见着出现了雏形。

而我的交换,发生在广州。

在广州的日子令我感慨万千,至今想来仍热泪盈眶。恰逢团队和实习生一起团建,在一个大大的KTV里,90后们在连夜的辛苦之后依然充满活力地唱着歌。但不知怎的,很快就没有人唱歌了,借着酒精,大家拿着麦克风开始轮流说自己在Uber的感受,我第一次集中听到了来自另一个城市的故事:有人是为了改变世界的梦想,有人则因为受到团队的某一个人的启发,有人被分享经济的参与群体打动,有人在繁杂的工作中提取出灵感,有人终于找到实现自己抱负的空间,有人爱这个团队到不在意其他。每一个人的理想都不同,每一个人的动机都不同,但人们对这份事业的热爱却一样浓。

在酒精的作用下,这浓浓的爱与激情在整个屋子的空气里蔓延,让身在其中的我,觉得呼吸的不再是空气,仿佛吸进去的是满满的爱,而忍不住呼出来的是热泪。

那是整个团队凝聚力的巅峰。

当Uber日后成长为一个大型机构的时候,当体制和规范超越了激情的时候,我们更加怀念那段野蛮生长却激情四溢的时光。

广州之行后,我和广州的另外一个Uber中国最早的运营经理老霍一起,同亚洲主管开始筹划做全国的战略运营,取我们两人各自英文名的开头字母,我们起了一个有趣的名字,叫作H&M。

全国的事情应该怎么组织?H&M有很多零散的设想,有很多可能的方向,却不知道应该怎样着手。此时,Uber庞大的智慧库向我们伸出了橄榄枝,全球各地做过这件事情的人,一个接一个向我们提供了帮助。

每个国家的操盘手都是最精干的指挥官,每个国家的定位和做法又有所不同,在短短的时间里,他们各自向我们分享了当地的市场和实际情况的要点、内外部环境的特征、对全国运营的定位,以及自己为什么这么做、有什么经验教训、有什么未解决的问题。那几周的时间,H&M仿佛是一个青春发育期的小孩,从早到晚倾听一个接一个信息密度巨大的分享,阅读海量的文档,大量地进食知识和经验,快速地消化和新陈代谢,急速地成长和发育。

在短短几周时间里,我们视野范围内的图景一下子从中国变成了全球,从当下变成了Uber自诞生以来的五年。而中国应该怎么做的图景,也逐渐清晰地在眼前展开。

于是,当H&M正式开始全国布局的时候,我们已经胸有成竹。我们从全国抽取出最优秀的十几个人,搭建了全国作战指挥部,分模块统领全国的运营。我们组织了内部的孵化器,打乱编队,组织hackathon(黑客马拉松活动),从中孵化出的一些想法成为了日后重要的产品。

Uber做的是分享经济的业务,它的人才理念也非常"分享经济"。Uber就好像是一所大学,它最大的教师资源是每一个员工,只要你愿意,就可以从这群极棒的人里挖出无穷无尽的宝藏,学到无穷无尽的知识,受到最前沿和最尖端的启发。这何尝不是一种分享经济?

一个分享经济的大学,通过员工UGC的知识,让每个人都能够从中获取自己想要的那一部分,每一个人的成长曲线都无比陡峭。而周围人的优秀,又激励着每一个人去进步,去成为一个合格的队友,去不断生成高质量的UGC。

关于业务,关于组织架构,关于创新,每一个员工都产生了很多高质量的想法,贡献了智慧和力量,这一切全部都是自发的、内

生的，而并非来自领导的任务指派。从这个角度上来说，Uber不仅

在对外做着一番分享经济的事业，它对内的文化和组织架构，也是

一个分享经济的案例。

包容多元的文化：环绕全球 Uber 的旅行

伴随着 Uber 中国越来越成为联合的整体，我也越来越多地代表 Uber 中国的运营团队与总部合作进行产品的改进和本土化项目，以及与世界各地的 Uber 战略运营团队互通有无。这一段在全球到处跑的经历，让我结识了 Uber 全球的各个团队。

在 Uber 的经历是一段奇妙的旅程，是一列开往奇幻世界的地铁。上车的那一刻，我没有期望自己会遇见什么。上车之后，停留过的每一个站点，都是一个奇异的新世界，60 多个国家的 400 多个城市，不同的当地风土，不同的有趣的 Uber 人。

第一站是旧金山。

第一次去总部办公室的时候，期待很高很高，失望很大很大。

在第一次到访硅谷以前，我已经听过很多坊间关于食堂的传说。在传说里，硅谷公司的食堂里什么都有，种类丰富，从西餐到中餐，还时不时会有鱼翅、鲍鱼一类的珍馐，各种零食、饮料无限供应，全部免费，随意取用，在欢乐时光里，甚至还有啤酒供应。在硅谷的公司里面工作，仿佛是掉进了一个五彩的由糖果做成的泳池里，可以有取之不尽的好吃的，码农们天天像活在童话乐园里一样。这些传说让我对硅谷IT公司独特的欢乐本真充满了向往。

可是真到了总部，落差和失望就好像淘宝的样图遇到了实物一般。

每天中午吃的都是很简单的三明治或者墨西哥卷，品类少得可怜，唯一的优点就是量大。零食也只有简单的坚果和巧克力派，引不起任何食欲。总部办公室在一个门面并不显眼的老楼里，几乎没有装修，在公共的休息区域摆放着一个沙发和一张乒乓球桌，除此以外就没有别的了。办公室里面非常拥挤，桌子和桌子连在一起，每张桌子上都是堆得高高的纸张和杂物，每个人都忙得上下翻飞，整个办公室里充满了喧嚣。这样的景象和传说中硅谷游乐园般的办公环境相去甚远。

只有一件事让人精神振奋，当地的同事们纷纷讨论着过几周就要搬进新的办公室，据说那里的装修像高级酒店一样。

是的，没过几周，Uber就搬家了，新的办公室终于能够匹配得上公司估值的飙升，也能够匹配上大家极其辛苦的工作节奏。食堂终于有了那么点传说的意味，种类非常丰富，从沙拉、三明治到主菜、汤、水果都有，如果你是一个对不同味道都想试一试的好奇宝宝，可能待上一周就会长胖五斤。连饮用水都有五种不同的味道，在一排高高的容器里面泡着大块的水果,看过去像是水果在泡澡一样,我们喜欢把它叫作洗澡水——草莓洗澡水、黄瓜洗澡水、柠檬洗澡水,任君选择。有意思的是,食堂每一天的菜单里,一定至少有一样是中餐元素。

中餐出现的背景,是中国市场变得日渐重要。在老办公室的时候,整个总部只有两个中国人,分散在不同的部门里面,即使有中国人过去培训,也连一桌麻将都凑不起来。但伴随中国市场的崛起,总部各个部门里都雇用了一个了解中国、能够与中国对接的人,后来出现了专门做中国产品的产品技术团队,团队是清一色的中国人,说中文,能够与中国本土对接,毫无语言障碍。我们会打趣地把中国团队叫作"大清帝国",这是一个双关,中国技术团队的负责人名字里有一个谐音的"Qin"字,他又是清华毕业的,于是他招募来一堆清华的工程师,为 Uber 建立中国团队立下了汗马功劳,所以特拉维斯等高层一见到他,就会打趣地称呼"Qin Dynasty"(大清帝国)。

新办公室的风格是工业风,以黑灰色调为主,点缀着明黄的灯光,整体的低调中透露出不张扬的智慧和从容,你会时不时地看到一些让你眼前一亮的设计元素,比如弧度恰到好处的双人聊天私密空间,比如可以让你光脚坐着玩电脑的空间,比如厕所边上让你精神一振的摇滚歌星语录,比如看似杂乱无章却很有 feel(感觉)的灯泡分布,比如未来感十足的触屏展示墙,等等。

空间维持着开放状态,站在办公室的一头可以毫无障碍地望见另外一头,某些会议室也是开放、可穿梭的。空间和座位的设计理念是,让人们在穿梭其中的时候可以尽可能多地交汇,而交汇意味着产生碰撞,碰撞意味着思维的火花和创新。

在交汇的人群中,"神人"遍地都是。你会遇到19岁就连续创办了三家公司的电脑神童,遇到曾经在白宫工作的安全和隐私保卫专家,遇到为Facebook全球化打下江山的大神,遇到曾在陌生的印度创业并且非常了解中国的同行,遇到一堆奥林匹克数学、计算机的竞赛金牌获得者,遇到一堆又一堆Uber特别喜欢招聘的哈佛毕业生和高盛银行家,遇到一堆又一堆你隐隐约约在媒体上或朋友圈子里听说过的神奇存在。

和神人们交汇、碰撞、创新的体验是美妙的,不论是知名的显性神人们,还是一眼看不出端倪的隐性神人们。我就曾经遇上过这样一位。

有一天,我和几个总部的同事探讨某个运营模块的产品化解决方案,除了通常的团队以外,还出现了一个年轻的小男孩Yizhou,他坐在角落里一言不发,安静地待在一个白人和一个印度人的背后,显得小小弱弱的。据别的同事介绍,他是刚加入团队的成员,将主要帮助大家做中国的运营产品化。

我回国后没过两天,Yizhou给我打了个电话。他跟我说,他不打算用我们开会时候讨论的其他国家的解决方案,他有一套全新的思路,基于一个不一样的工具。这个安静的刚入职的男生就这么把他老板的方案给否掉了,这让我心里小小吃惊了一下。接下来,他向我描述了他的方案,我们一致认为比原方案实在是好了太多,我心里的惊讶变成了惊喜。于是,我们决定采取他的方案往下走。

仅仅用了一周多时间,他就一个人把产品做了出来,我们一边以上海为试点进行调试,一边筹划全国的全面落地(roll out)。此时,我又有了第二个惊喜,他不仅对产品有颠覆性的好想法,也有着很强的全局观,怎么平衡各个城市、怎么平衡不同的目标、怎么步调合适地达到预期,他对这些方面都有着非常好的直觉。

于是,我们两个在中美之间互相配合,不到四周时间就把新的产品做了出来,并全面取代了原有低效率非标准的作业模式,为之后高效的作战奠定了关键基础。在之后的合作中,他对数据和商业的直觉、可视化的开创性都不断地让我感受到惊喜。

后来我才知道,Yizhou当年在面试的时候就相当与众不同。当时,总部为这个职位面试了很多优秀人才,但都没有录取。轮到他的时候,面对面试官同样的问题,他直接回答说,这个问题的设置不对。在他把问题整个颠覆并提出全新思路的解决方式后,面试官当场决定聘用他。

Yizhou只是Uber众多员工中的一个。这样的神人还有很多,他们低调地行走在办公室的各个角落,你不知道会在哪个不经意的时间,哪个意想不到的领域里,发现他们的神奇。打一个不恰当的比方,和神人们一起工作,是一件比吸毒还上瘾的事情,他们会不断地给你惊喜,让你兴奋,让你每一天的生命里都仿佛四处绽放着火花。

Uber这个"分享经济大学"，正是在人才招募和管理上打造了这样一个良性循环的生态。

第二站是阿姆斯特丹。

和旧金山不同，见到阿姆斯特丹的那一刻，就是让人惊喜的。

我原本对这个陌生的城市没有任何印象和期待，但和团队一起泛舟其中的时候，才发现它的美。这里是当之无愧的"小威尼斯"。如果说水城威尼斯宽阔的河道（实际是海道）将城市分割得过于分裂以至于些许地影响了城市整体感的话，那么阿姆斯特丹河道的宽度就是恰到好处，三圈河道环环相套，每一圈都可行船，都可相通，但是陆地依然是未被割裂的整体。石板为主的道路旁，是精致低调的小房子，还可以享用上好的奶酪和咖啡。

在这样的表象背后，是它悠久的金融历史和积淀。兴许一个能够允许大麻和红灯区存在的地方就注定和艺术相关，这里也是画家伦勃朗和凡·高的重要居所，他们在这座城市的印记数不胜数，而临街随处可见的北欧设计感，都透露着毫不刻意的美。

Uber在阿姆斯特丹的办公室是北欧设计感的典型代表，充满了简洁的线条、木头和金属为主的自然材质、舒服实用的使用感。宽大的玻璃，让室内室外通透可见，办公室内的现代科技与忙碌和办公室外的古老屋顶、开阔天际相呼应。内部的简洁现代风格和外部的精致砖瓦，看似冲突却非常协调，内部的蓝灰白与偶尔的明黄，仿佛是户外以蓝灰为主调的建筑的延续。

阿姆斯特丹聚集着来自欧洲各地的人，相对于旧金山总部以美国人为主，再加上中国人和印度人，从而三分天下的人员结构，这里的人员组成更加多样化和国际化，肤色、头发和脸部轮廓都很不一样的人们，来自英国、法国、西班牙，甚至亚洲及美国。

在这里，你听到的英语总是带着各种浓重的口音，一下子就能辨别出他们来自于不同的地方。但是，对话中总会有着很容易听懂的一句话："我可以怎样帮助你？"

在Uber的办公室里，这句话的地位相当于英国人的"今天天气怎么样"，是一句使用频次几乎和问好同一级别的话。两个陌生的同事第一次见面寒暄完之后，你往往会听到这句话。这仿佛是一把通向任何一间办公室的钥匙，只要你见到一个同事，就可以向他表达你想要了解或解决的问题，而这句话往往能够带你去找到那个适合解决这个问题的人。每一个人都会很热心地帮助你分析和解决问题，帮忙的范围也并不只限于自己的那一摊子事儿，哪怕需要联合不同的人，甚至需要去绕过现行规则做灵活的处理（hack），只要对公司好、能解决问题，所有人都会积极主动地去想、去做。所以，不论大家之前多么陌生、来自多么不同的文化，这句话都能够瞬间让大家跨越隔阂，集中到事情上来。

在游历了很多公司之后，我才发觉，这是一个挺不一样的文化。它的背后是一种强烈的主人翁精神和自我驱动，相对于"为领导负责"的文化,它是一种更加去中心化的自治文化。在某些行业里面,这种文化可以焕发团队的活力。

第三站是台北。

在所有 Uber 的城市里,台北是和大陆的城市最相近的城市,而 Uber 台北与 Uber 大陆的众多相同与不同,让我恰好找到了一个切入点能够观察到两个社会中很多有意思的东西。

台北的第一个办公室小得可怜,刚好能够挤下三个人,多一个人就会连转身都很困难。台北也是一个并不大的城市,很多人都相互认识,在这间拥挤办公室里工作的台北铁三角,就和潘玮柏、阿信等红遍大江南北的明星有着千丝万缕的联系,所以 Uber 在台北的市场活动,总是能得到一线大咖的站台。

在这里的司机身上,你能找到一种久违的平和,彬彬有礼、谦逊待人、耐心真诚,对待一个问题可以很耐心地解释很久,整座城市流淌着文化创意的气息,随处可见小清新的咖啡馆、书店和文创社区,这似乎让人回到了 20 世纪 90 年代。而这种平和出现在一群同样黄皮肤黑头发说着中文的同胞身上,个中的差异感和冲击力要大得多。和台北的同事们说话,我时常会产生穿越般的错觉,仿佛上学时候在古文里读到过的文化,就活在对面这个人的身上。虽然用着类似的语言和文字,但是政策和体制又是那样不同,你看得到相对更加标准化的流程,也看得到对于新生事物的态度并不足够开放。

业务扩大以后，办公室宽敞了很多，也有了Uber全球一致的装饰标准，墙角有一个亚洲地图，上面贴满了到访过台北的同事的宝丽来照片，每一张都是他们在吃某种不一样的台湾小吃。门上有一句特拉维斯的名言："畏惧是一种病，奋力追逐是解药，不论你害怕什么，就去追到它。"这句不那么小清新的话语，悄悄地提醒你，在这个办公室里曾经发生和正在发生的不一样的事情，告诉你Uber为这个小清新的城市所带来的改变。

第四站是首尔。

首尔的办公室在 个隐秘的创业空间里，在繁忙街角一个貌似不可能出现办公室的地方。和所有其他城市的办公室一样，不起眼的电梯，几乎没有装修过的房间。

但这里的人却有着很不一样的特性，这个民族的血性流淌在每个人的身上。无论是身体的健硕，还是性格的方刚，都让你能够穿越一样的东亚人种的外貌表象，一眼认出来自韩国的团队。

而他们的血性，更多地体现在工作的极致上，对于数据的极致讲究，对于产品体验的追求，对于方法的不懈探索……我从未见过哪个国家的人有这样的拼劲，能这样极致地追求某样东西，而他们聪明的程度和对自己苛求的程度，也让我对这个民族刮目相看。

他们对过程和结果都毫不含糊，不禁让我回想起那些韩国电影里面的偏执狂们，《醉画仙》里醉生梦死追求极致的画家、《老男孩》里追凶的父亲、《朋友》里追求上位的黑帮分子,全都是同样的血性。而民众对新事物的态度也是黑白分明的,韩国的特殊环境也让Uber的团队经历了不一样的体验。

第五站是新加坡。

作为Uber在亚太地区的总部,新加坡的办公室里聚集了来自各方的人,从澳大利亚到印度,从日本到中东,从中国到美国,这里的多元化程度要比阿姆斯特丹更甚。在这片新兴市场的热土上,在这片可能性才刚刚被开始探索的土地上,每个国家的差异性和市场的动态变化程度要大得多,市场环境和竞争的复杂程度也大得多。

手机的普及程度、电子支付的普及程度、信用卡的普及程度、非市场化的行为、资产定价的巨大差异、所有制的巨大差异、文化和使用习惯的巨大差异、法律制度的巨大差异、外商政策的巨大差异、民众文化和教育基础的巨大差异,这些都给Uber在各地的本土化带来了丰富的元素,新的想法、新的产品不断地以最轻的形态诞生,在各个地方适应当地的特殊国情。坐镇新加坡办公室是最有趣的事情,你可以看见亚洲这片全世界市场增长最快、最不一样的土地上的种种闻所未闻、见所未见的情况,看得见自己的解决方式在这里产生怎样的结果。中国团队当仁不让地成为亚洲地区的领头羊,快速发展的市场规模让中国有了更多的经验和机会,而这里发展出的产品、标准和做法,被分享到众多亚洲国家进行落地,也被众多国家拿来参照。

更有趣的是,观察这片市场互联网基础设施的发展,你仿佛看到了几年前的中国,也看到中国的互联网公司可以在这里怎样大展拳脚,就仿佛19世纪英国人初次看见了印度,仿佛西班牙的舰队第一次登上了南美洲,仿佛改革开放初期的外国商人第一眼看见了中国,你知道这片土地即将发生什么,也知道这里的规则可以怎样被你来制定。

因为有了Uber这个跨越国家和城市的平台,国界变得模糊了,不论是线上还是线下,全世界似乎是一体的,跨越地理,跨越文化。

从现在开始往后数十年,我们身边的很多中国创业公司会成为全球企业,无论是在东南亚、中东、北美还是欧洲,都会出现中国公司的分部,这些分部将不再只是研发中心,而会有更多的业务,以及更完整的组织架构。今天,已经有华为、猎豹等公司成为先行者;明天,还会有更多的公司把中国领先的模式和产品输出到海外。

Uber全球化之后的文化,呈现出一种松散的一致,每个地方都大不相同,每个地方都由当地人组成,说着当地的语言,流淌着当地的文化,但也都用一样的标准行事。美国的基因本身就是跨越种族和文化的,而中国的文化则相对自成体系。

在全球化的过程中,中国的企业如何与当地的市场有效结合,如何寻找到适合中国文化和企业特性的全球化方式?这其中注定将产生多样的探索和故事,令人期待。

团队协作的语言：数据

我说服Uber开设电话客服的努力，是从高层反驳的这句话开始的："我为什么要花我的时间，去一句一句向别人解释？"

这代表了西方人的思维：人的时间是非常宝贵的，每个人的时间都是一样宝贵的。

在北美生活过的中国人几乎都有这样的悲惨经历：买了家具要自己安装、水电坏了要自己维修、车埋雪里了只能自己挖出来……要是想请人来做，那对不起，请准备好饿一个礼拜的肚子才能支付得起的昂贵人工费用。但是在中国不一样，别说请人维修东西，任何东西都能够以低廉的价格送上门来，城镇化和人口红利带来的大量廉价、勤奋的劳动力，让中国建立起了一个比西方要方便得多的客服、物流体系。

于是，这巨大的文化和社会差异，导致了之后在客服解决方式上的漫长争论。

和所有的外国公司一样，Uber采用电子邮件做客服，这在中国显然是行不通的。我是电话客服的坚决拥护者，挑起了大旗要求总部建立电话客服中心。于是，争论就这么开始了。

Uber对创新是非常开放的，但你需要能证明你的主张。怎么证明呢？作为一个以数据闻名的公司，自然是用数据说话。于是，当我提出建立电话客服这一主张的时候，主管要求我做一个试验，他和我商议了试验的大致思路，以及花了一定的时间确定下来如何用数据来定义所谓的"效果好"。然后，试验就开始了。

我带着几个实习生，就把试验做了起来。我们选取了8项数据作为考核指标，分成几个小组，用电话、微信、邮件、面对面交流这四种客服方式，分别开展了试验以及相关数据的收集。

出乎我意料的是，试验的结果和我预想的并不完全一样。我一直主张，用电话客服解决所有的问题，但数据结果告诉我，电话客服的沟通效果虽然最好，但是效率与文字客服相差得实在太远了，每小时解决的问题数量相差30倍。如此巨大的效率差异，让我无法说服自己把客服全面迁移到电话客服。所以，我开始了第二阶段的试验。

在第二阶段，我把常见的客户问题分成8类，并且根据第一阶段试验的结果，把客服渠道缩减成两组，针对每一类问题，对比这8项数据。两周过去了，我们得出了比较满意的结果，在这8类问题里，有6类问题客服应当用文字对话的方式解决，有2类问题应当用电话解决。我写了长达40多页的试验报告以及产品建议,呈交给了总部。不过不知为什么,这事儿就再也没有了音讯,而各个城市继续被低效的客服所困扰。

当时,我手上的很多项目正好都需要和总部沟通交流,于是在一次前往总部出差的时候,我把这个诉求也带了过去。当时负责整个客服的有客服运营、客服产品经理等,我发邮件给他们,跟他们一个个地约了时间去开会沟通。我第一个约的是总部PRO(专家)团队的客服专家,之前他在美国的各个城市建立过客服系统——当然,都是邮件和面对面的,没有电话系统。他对这件事情的意见,将影响整个客服方向将朝哪里走,我揣着我的报告走向会议室的时候,心情就像是一个随时准备就义的战士一样。在我的脑海里,这个会议将是一个长期受到委屈和不受支持的中国员工和一个不懂中国又冷面傲慢的白人之间的战争,画面请各位读者自行脑补。

但是,这场假想的战争只用了5分钟就结束了。我把我的报告放到第一页,那是8项指标的对比概览,他看了几分钟,让我解释了几个细节,然后问了我一个问题:现在上海每天要接多少个客服电话?我回答了一个不小的数字,又把其他城市的情况简单说了一下。于是他说,我们要建立电话客服,没有别的选择。

这下,轮到我愣在那里了。

当然,他没有允许我愣很久,就帮我找到负责亚洲客服的运营主管和负责整个客服系统的产品经理,我向他们演示了招商银行的微信客服系统和携程的客服产品及电话流程,几个人不时地发出惊叹,纷纷佩服中国的客服系统做得太先进了。于是,大家达成了一致,除了公司本身就有计划地建立APP内的客服功能以外,还要在中国建立电话客服。

剧情反转得太快,让我实在没时间反应。后来我想,这几个白人、亚裔人,还有皮肤黝黑的说不清楚来自哪里的人,和我这个中国人坐在一起,大家之所以能够这么快达成一致,是因为我们的通用语言是数据。设想一下,如果我提出这个主张的时候,亚洲主管没有要求我提供试验和数据,那么我将花费多大的力气向这群来自不同文化背景的人解释中国人"更喜欢"使用电话客服、电话客服是"更好的"方式。而基于数据,这个沟通和决策变得相当简单高效。不仅是跨文化交流,任何基于数据的企业交流,都能够达到不同部门之间、不同认知的人之间的高效沟通。

再回到我们的故事。

决定和落地之间总是有很大的距离。我以为这次欢乐的决定以后,就万事大吉了,但是,泰坦尼克号的浪漫之后,往往是革命之路的现实,由于各种现实因素的影响,电话客服系统一直没能搭建起来。直到我从Uber离职前的两个月,我才放弃了推动电话客服的努力,之后Uber一直都没有建立起电话客服。

当PayPal和阿里巴巴争夺电商市场的时候,阿里巴巴想做一个功能,几个人一决策,一周就做出来了,但PayPal则需要耗费长久的时间去说服美国总部,等到功能做出来,半年已经过去了,战争的先发优势早已丧失,甚至失去了开战的机会。

Uber在这一点上所做的已经好了很多,几乎所有的运营决策都在城市级别直接决定,比大多数中国公司都要更加灵活,基于数据的决策也让决策流程简单高效了很多。但是,涉及更高层面的决策,依然难免存在外企的通病。

在外企进入中国的历史上,授权和决策的问题似乎从来没有得到过完美的解决。而对于嫁接国内外资源的人而言,除了硬件能力以外,斡旋的能力则是更高的要求。是否能够得到充分的信任和授权,对于能否顺利处理国内外日渐扩大的差异至关重要。

拼车一程,江湖再见

我在Uber的最后一个作品是拼车产品"Uber Pool",在中国落地时我们为之取名叫"人民优步＋",意思是相对通常的人民优步,这款拼车产品要比人民优步更进一步。

中国的拼车产品诞生是一场全球的大联动,从总部到亚洲,再到中国,最后到具体落地的城市,我们抽取了最精干的部队,组成了不到10人的小组,由我来做运营指挥(Ops Lead),非常低调地进行着紧锣密鼓的工作。

我曾经经历的上市IPO项目动辄有几十个中介、上百个部门或分公司,其中的协作错综复杂但是井然有序。而Uber让我体会到了另外一种同样高度复杂,但是小团队、高效率的全球联动。中国团队和美国团队分别处在不同的时区,我们克服了距离和时差的限制,在线上非常顺畅地合作,并且巧妙地利用时差,实现了24小时不间断的连续作业。合作的过程非常畅快,基于数据的沟通、基于合作精神的协作,与极其优秀的伙伴一起,一切都是无缝对接完成的。

在最后的筹备阶段,我们所有人都飞到成都——国内尝试第一个开通拼车产品的城市,做最后的冲刺。于是,我们这一帮"网友"又一次见面了。

这时我才深深地了解到,原来那些优秀的网友们,在现实生活中更加令人佩服:美国来的团队成员,用来克服时差的方式是根本不睡觉,几乎24小时连轴转;一个"90后"小朋友,无比年轻又无比聪明,仿佛知道世界上所有的事情,每个笑话的包袱还没抖出来的时候,都会被他猜到;成都团队一个拥有多年创业经验的同事,用我想象不到的产品方法,解决了大难题;已经非常资深的运营主管,非常细致负责地检查着每一个细节;面对所有中国团队都没有体验过的"拼车体验",面对分辨不出feature(特征)和bug(漏洞)的困难,整个成都团队尽全力地去学习和想象;面对不确定的新产品功能表现、不易模拟的测试环境和庞杂的测试要求,每个人都非常主动地提出解决方式,主动帮忙做事,毫不推脱。

2015年7月初,上线日。凌晨四点,产品按照原定计划准时上线了,在还未亮起的天空下,我们赶紧叫了一个拼车的单子——成功了。那一刻,看着拼车成功的界面,这个位于成都市中心的、中国拼车第一单——虽然已经看了无数遍,但这一次是那样的特别——仿佛自己的孩子诞生到世界上，我们激动得有点发抖。过往对于产品的争论、验证，对于用户接受程度的担忧，这一刻都再也没有回去的余地了，我们反而放下了心，等待着市场的检验。

第二天，数据和用户反馈告诉我们：成功了，非常成功！

成都的拼车逐渐稳定下来，各个城市的拼车产品上线计划也逐渐展开。与此同时，我也确定了自己将会离开Uber的决定，决定前往新的创业项目里开始一次真正的创业历程。各种交接的工作在低调而又有条不紊地进行，拼车的交接也是。

我和几个高层确定了接管拼车项目的人选——来自成都团队的李敦阳。为了减小影响，我们完全没有声张，暗自进行着培训敦阳的工作。在上线第二个城市——北京的时候，我特意安排和他一起飞到北京，和他一起完成了一次完整的产品上线工作。那又是一个凌晨，和成都的凌晨一样，一番紧张的筹备和de－bug（排查漏洞）之后，产品顺利地在这个北方城市微微亮的夏日清晨上线了，团队激动得一起站起来，互相拥抱庆祝上线的胜利。在相互拥抱的人群中，我的心里是五味杂陈的，看着这群好几天没好好睡觉的孩子，他们的脸上全是高度紧张后的放松和兴奋开心的光彩，我好想和大家抱得紧紧的，不松开。

到第三和第四个城市的时候，我告诉敦阳："你需要自己飞过去独立主持上线工作，而我在远程接入监督。"他听到这样的指令，眼神里充满了犹豫、疑惑和不愿意，我告诉了他真相："我要自己创业去了，而你是我们指定的拼车项目的接班人。"

听到这番话，敦阳露出一点点惊讶，但一秒钟以后，他的身子挺直了，眼里的光从犹豫变成了坚定，那一瞬间，我仿佛看到一个小男子汉挺直了身板，成长为一个领导者。接下来的一段时间里，他代替我主持所有的工作和会议，我视频接入进行辅导和辅助，这个年轻的男孩，面对这么多资深的城市团队，一点都不发怵，有条不紊地组织着一切，还提出了很多非常好的改进意见。

看着视频电话对面的这个年轻人，这个刚刚接手业务，就已然如此镇定、负责、有才华的年轻领导者，我的眼睛模糊了。这样的队友，值得我过去所有的付出；这样的团队，不枉我将生命盘绕其中。过去一年半的一切，像电影画面一样一帧一帧地在脑中浮现出来：那穷酸困苦的办公室，那中关村地推小妹一般的每一天，那义无反顾、从不追究得失的付出，那"屌丝"获得点滴进步的喜悦，那一夜爆火的兴奋快乐，那挥旗征战的血脉贲张，那操盘大局的运筹帷幄，那交织凝结的队友和故事，好像一部旷世的故事，而我正置身其中。

我也说不清楚，这样深深的爱究竟来自哪里。爱上的时候，Uber还是一个一无所有的"穷小子"，时过境迁，它已是聚光灯下的"青年才俊"。我真的很想捧着它的脸，笑着泪着无言着，回忆那一起穷酸一起经历刻在掌心里的时光。

何德何能，何其幸运，上帝选择了我，在Uber创始团队的中间，走完一段急剧增长、急剧成长的旅程,和一群无比有趣、无比相爱的小伙伴一起吃下了常人难以想象的苦,达成了常人难以办到的成绩,经历了常人难以触及的快乐。一切都像一场梦一样,不敢相信是真的,不敢相信居然是我。

一年以后,拼车不负所望地交出了它亮眼的成绩单,在拥有拼车业务的15座城市中,Uber拼车每个月的订单总量已超过3000万单。每周新增拼车用户10%,拼车用户留存率超过90%。这个孩子长大了,茁壮而快乐。

Uber是一列神奇的列车,在这里,我遇上了一个又一个神奇的小伙伴,这列车把我带到一个又一个奇妙的地方。在其中一站,我下车了,在繁花处停靠,一觉醒来,身边已经生长出一座新的星球。

在这列车上同行的伙伴们,每个人也许都终将会在不同的站点下车。每个人下车的地方,都已经不是出发时的地方。他们经过了故事,不再是出发时的自己。

每一个新的站点,都会成长出一个新的宇宙,也许繁花锦绣,也许崇山峻岭,也许百家争鸣,也许面南而坐,也许火山喷发,也许云淡风轻。在每一个新的宇宙里,都有一个微笑的伙伴,撑一把伞在站点等待,于是,这一生的旅途自此变得丰盛而美丽。

平行宇宙

从离开那时起，"宇宙"分叉了。我在平行宇宙的这边异常忙碌，也又一次开始急速地成长，偶尔休息的时候一抬眼，才会小小地关注一下在另外一个宇宙里的Uber。时间不断前进，两个宇宙都在陡峭的曲线上爬升。

进入"吃的分享"里摸索，对我而言是更大的挑战，面对一个国内外都没有人探索过的全新的问题，去寻找答案，面对商业模式的未知，一边快跑，一边一步一试探。我在这个平行宇宙里经历着与在Uber里运营、打仗完全不同的生活。

那边的Uber，也经历着快速的发展：

2015年9月，Uber组织架构进行了调整，区域化运营团队组建起来，20多个城市被分为北区、中区、西区、南区四大区，小伙伴们有了影响力更大的舞台。

2015年11月，Uber公布2016年战略，宣布将进军中国100个城市。2016年3月，Uber正式进入我的家乡合肥，曾经打趣我做"出租车公司"的亲友们，第一次亲密接触了Uber。Uber上线三周就占据了合肥50%以上的市场份额，订单量以每日30%的速度增长，成了Uber历史上增长速度最快的城市，也让我为家乡小小地骄傲了一把。

2016年2月，Uber更换了新Logo（品牌标识），从原先的黑白变成彩色，吐槽和争议不断，颜色更加丰富的品牌标准指引对全球标准化是更大的挑战。

2016年4月，Uber中国获得了更强大的产品技术支持，新的产品不断上线，机器学习、深度学习等不断被应用，运营"钢铁侠"们的武器装备不断升级，战斗力指数上升，大战的炮火越来越激烈，市场份额也不断上升。

2016年5月，Uber中国挺进60个城市，每周4000万订单。

2016年7月，拼车上线一周年，在拥有拼车业务的15座城市中，Uber拼车每个月累计3000万订单，拼车平均成功率超过80%。

在这一年里，专车行业的几件重大事项也取得了突破式的进展。合法化和补贴，始终是伴随专车行业的两座最重要的大山，而在众多企业多年来的努力之下，这两个问题终于取得了进展。

2016年7月，交通运输部等7个部门联合发布文件，宣布网约车在中国合法。2016年9月，细则发布，网约车的驾驶员通过资格考试的方式取得网约车从业资格,这与先前英国等某些欧洲国家的方案是一样的。

中国成为第一批网约车合法化的国家之一,走过了一段并不容易的路程:从第一批专车企业给政府的提案,到中间几年历经波折的各地出租车司机罢工、与专车司机的冲突,到社会各界对专车合法性的探讨和各地风向的变化,到专车市场规模和格局初现,到最终尘埃落定,其最根本的推动因素,是网约车已经成为被消费者普遍接受的事物并且有了巨大的市场(根据统计,截至2015年年底,我国使用移动端出行的用户数达到4亿)。这中间有着整个行业中各个企业联合的努力,也有着政策制定者开明的支持。

面对创新创业层出不穷的社会,我国的政策制定者非常开明,对创新的包容度很高,在全球各个国家里,很少能有这样鼓励创新的环境,让创新有生长的沃土。对于中国的创业者来说,这正是千载难逢的机会。这几年在中外创业公司里的经历,让我很深刻地感受到,中国的互联网创新越来越走在世界的前列,并且已经开始拓展到亚洲甚至其他国家,这和国家的开明有着非常紧密的关系。

这两年以来,伴随行业的逐渐整合,自2013年开始的出行补贴大战终于可以告一段落。伴随整个互联网创投行业回归理性、回归商业本质,符合商业本质的定价将成为整个互联网的主流。

渐渐地,人们的习惯将从免费变为付费。为更舒服的出行付费,为送上门的便捷付费,为货真价实的物品付费,为当天送达的速度付费,为更有知识含量的内容付费,为创意和设计付费,为科技含量带来的价值付费,为提升自身价值的教育付费。付费习惯的养成,其影响是深远的,付费行为的产生,才能让创业者创造出真正有价值的新事物,让掌握着核心技术和有能力的人才进入创业领域,让我们国家的创业创新走上良性发展的道路。

宇宙有的时候会发生异常的抖动,让两组平行的镜头切换到了一起。

这是很奇妙的一天。2016年8月1日早上,我坐在北京东方广场的写字楼里,与业内的前辈们一起交流创业创新和分享经济,专车领域是会议探讨的议题之一。

会议中关于专车的分享交流正在进行,而我的注意力被微信里朋友发过来的一张图占据,那是一封以特拉维斯·卡兰尼克名义写的邮件,上面说,Uber和滴滴合并了。

接下来的几个小时里,各种版本的猜测此起彼伏,直到下午,官方正式宣布合并。自此,Uber在华两年半,烧掉20亿美金,换取了70亿美金的股份(滴滴350亿估值的20%),成为滴滴单一最大股东,烧钱大战暂告结束,行业走向盈利阶段,这是滴滴与Uber、各大投资人以及整个互联网行业的多赢。

那个下午,我的朋友圈被满满的回忆刷屏了。我也翻出了一些和昔日小伙伴的照片。戴着黑框眼镜坐在一堆脏乱的手机电源线里的自己,站在冰淇淋车顶上的铁三角,运营交换时候喝醉的一堆人,特拉维斯第一次来华时的亚洲大合影,实习生们窝在办公室里的自拍照,和实习生一起送冰淇淋的短裙照,司机颁奖典礼的祝酒照,一张张中国人越来越多的旧金山总部中餐馆聚会合影,阿姆斯特丹的全球大合影,拼车业务中国创始团队抱着大熊猫的合影,中国核心运营团队组建时的搞笑抓狂照……

后来,我选了一组简单的场景照片,发了一条简单的朋友圈:"我爱你们"。那是在优胜美地国家公园的夕阳下,我们身上印着只有我们才认得的符号,笑容里是只有我们才懂得的内容,并肩坐着,回望时光,喜悦而满足。

照片上的我们,笑容和青春,一如过去,一如现在,一如未来。

第四章

分享时代

分享经济究竟改变了什么？

分享经济的诞生，来源于社会资源的过剩。

从工业革命时代开始，所谓的"发展"就遵循了一个公式，即生产效率提高、投资不断加大，从而带来产量的增加。

举个例子，过去一家工厂一小时可以生产价值一百块钱的东西，后来技术进步让生产效率提高了，一小时就可以生产出价值两百块的东西。资本家又投资盖了第二家工厂，于是每小时一共可以生产出价值四百块的东西。这样一来，人们就有了更多的产品，社会就发展了。这样的"发展"基于一个基本假设，那就是，社会物资是短缺的。

时至今日，人类社会已经在相对比较和平的环境中发展了许多年，工厂里生产出了越来越多的东西。直到某一天，世界上的一部分人发现，我们生产出的某些东西已经远远大于我们的需要，只不过这些东西因贫富不均而分配在不同人的手里。所以，我们也许不需要生产更多的东西,只需要把已经存在的东西重新分配,就可以让每个人的情况都变得更好(在经济学里,这个叫作帕里托改进),这样,社会也"发展"了。

此时,物品的"拥有权"和"使用权"可以分离,拥有一件物品的人可以和使用这件物品的人不是同一个人。这样物资就可以得到更加合理的分配,从而成为一种商业模式:拥有多余物资的人们,可以把物资的使用权让渡给不拥有物资的人,作为回报,后者给予前者一定的报酬,而提供这个服务的平台,也可以从报酬中抽取一定比例的佣金。

分享经济由此产生。

拥有权和使用权的分离

虽然分享经济在近些年才火起来,但其并不是一个刚出现的概念。我们所熟悉的房屋租赁,其实就是一种典型的分享经济:房屋的拥有者将房屋出租给没有房子的人,从而获取租金。但是,在移动互联网普及以前,交易线索被掌握在线下的地产中介手里,以一种模拟的形式存在,它没有被数字化,不公开透明,无法被方便地检索,无法按照地理位置获取,无法随时随地方便地调取,无法形成网络效应。因此,它无法承载更加高频的使用方式(比如短租),也无法拓展到更加低价的领域(因为交易成本太高）。

随着这几年来移动互联网技术的成熟和迅速普及，以上的限制终于被突破了。一个又一个线下现存的物资被放到移动互联网上，分享经济的创业者们，创造出了一个又一个细分领域的平台，供物资的所有者发布和分享，帮助有需要的人找到物资。不同的分享经济领域，被数字化的程度有高有低，有的将一条线索数字化（比如 Airbnb 数字化的是一条房屋租赁线索），有的则将一个体验数字化（比如 Uber 将"摇手招车"的动作数字化成两个比特点的算法匹配）。

与此同时，分享经济在中国的各个领域全面开花。在不经意之间，我们生活的方方面面、衣食住行的各个领域，都出现了分享经济的身影，改变着我们传统的消费方式。在每个领域，都出现了不同的模式，高频的或是低频的，大众的或是小众的。

那么，分享经济究竟改变了什么呢？

首先，它改变了供给端。

分享经济让产品的供给方从机构变成了个人，原先不可能成为供给方的个人，现在能够成为供给方。比如，原来人们出去旅行，只能住酒店集团提供的酒店，而 Airbnb 让个人房主也可以提供相当于酒店的服务。原来人们只能坐出租车公司提供的车子，现在则可以坐个人开的私家车。

酒店→闲置的私人住宅

出租车→闲置的私家车

拓展了供给端的范围之后，分享经济极大地提升了产品的丰富度和个性化水平。人们旅行的时候可以住各种风格的房子，满足不同人数和旅行风格的需要，可以和各种不同背景的房主聊天，更加深入地了解当地的风土人情；人们出行的时候可以坐各种不同的车型，看到各种不同的车内装饰，遇见各种个性的司机。如果说，在工业化时代，人们习惯于使用大工业化生产的标准品，那么当物资极大地过剩之后，人们对个性化的诉求就变得更高，分享经济正可以满足这一点。

其次，它让个人崛起。

分享经济降低了个人"微创业"的门槛。原先，打工和创业之间有着严格的界限，拿工资和做一大摊子生意，两者之间的心理门槛很高，实际转变很大。分享经济提供了大量的流量和便捷的基础设施，让人们可以更简单地实现"微创业"：业余时间，做个小房主，做个专车司机，做个在行专家，都是简单方便的"微创业"。

用户对个性化的需求，让作为供给端的个人，能够有空间发展自己的个性。比如 Airbnb 的房主，可以在房间里展示自己的个性，并且获得反馈，比如 Etsy（一个网络商店平台）上的手工艺者，可以把自己的个性作品售卖给匹配的人。

伴随"微创业"的门槛降低和个性化被鼓励，人们的思维方式也发生了变化，从打工者思维向主人翁思维转化。人们的内在动力被激发，更积极主动地思考和行动，个人的重要性相对于机构得到了提升，个人的能力也得到了提升。这对于社会是很重要的事情，每个人能力的激发将成为社会经济发展的更大推动力。

最后，它让社会资源更有效地分配。

分享经济让我们不用建更多的酒店也可以接待同样多的游客，不用购买更多的车辆也可以承载一样多的城市出行，不用买更多衣服也可以每天换衣服穿……它让资源被更加合理地分配给需要的人。这对于我们所生存的自然环境是极大的保护。

Uber 曾经做过一项数据统计，每多一辆充分利用的 Uber 车辆，就可以从路上拿走 8 辆车子，这就意味着更少的拥堵、更少的雾霾、更少的能源消耗。

Uber 改变了什么?

回顾 Uber 中国的成长史,在短短两年半时间内,从完全不为人所知到成为人们日常出行习以为常的选择,从一个没有自主流量的 APP 到周订单 4000 万,它经过了最初的市场教育和品牌培育、人民优步低价战略产品的逆袭、社交媒体营销的大获成功以及适可而止、产品技术驱动的众多降维打击式的创新、与竞争对手共同快速教育市场以及一次经典的资产剥离。

在分享经济兴起的过程中,Uber 是"行的分享"的规则制定者。大家已经耳熟能详的,是 Uber 的创业故事:早在 2008 年,Uber 的创始人特拉维斯·卡兰尼克和小伙伴到巴黎旅行,深深受到打车难的困扰,于是想用移动互联网的方式去解决,先从几辆车和身边的一群小伙伴做起,业务越做越大,就有了今天这家估值 700 亿美元的公司。

从多年前那次传奇的巴黎之旅开始,一直到 Uber 成为全世界估值最高的独角兽公司,再到2016年这场全国最受关注的并购案,回望这一历程,我们看到的不仅是一个商业的奇迹,也是互联网改变生活的又一个案例。

是的,我们的生活被Uber改变了:站在街边挥手打车的时代,变成了下楼以前打开APP叫车的时代;坐在被垄断的出租车上不论服务好坏都无可奈何,变成了亲切可爱的快车司机和及时方便的评分反馈。网约车在争议中艰难地探索,最终合法化。这背后,是以Uber为代表的网约车公司们对模式的创新和探索,以及对规则的重构。

那么,Uber制定和改变了哪些规则呢?哪些规则最具有颠覆性,并且导致了Uber的成功呢?

首先,实物虚拟化。

在所有的分享经济或O2O中,Uber是将线下体验"互联网化"得最彻底的公司。如前文所述,Uber将车辆标准化,并且用互联网的方式将其虚拟化成商品,构造了一个类似股票市场的线上双边市场,用算法匹配改变了"摇手招车"的线下体验,创造了一个不一样的世界。这是Uber作为一个商业公司做的最颠覆性的伟大事情。

2016年2月,Uber更换Logo。在优酷,你可以找到关于新Logo的视频,上面介绍了它的设计元素,其中一个是"比特(bits)",就是你经常在Uber的海报里见到的那一个一个蓝色的点和拖拽出来的线。这个设计看起来特别酷,看起来特别像是在装腔作势,但这可真的不是在装腔作势。打一个不恰当的比方,这可以说是一个有文艺情怀的谢耳朵①的作品。这个比特的艺术呈现,完全反映了Uber在做的深层次的事情:把实物虚拟化,把车辆变成一个个比特,在系统中与一个个同样变成比特的乘客进行匹配。

如果说创新和武功一样也有分级别的话,Uber这种颠覆式创新估计可以和《九阴真经》划在一个级别里。想想古代的人类是如何把实体的一个个玉米棒抽象成为1234从而产生了数学,又如何把实体的颜色虚拟成了红绿蓝三原色的叠加,从而有了对颜色的标准定义。Uber做的这件事情,是把车辆抽象成了比特,通过抽象化和标准化创造了全新的可能性。

第二,动态加价。

在Uber创造的"匹配虚拟化车辆"的规则中,动态加价是一种可以实现更高效匹配度的模型,采用这一模型的动因,正是因为Uber的双边市场与股票市场更接近。

动态加价的模型是基于经济学的供给需求曲线,动态寻找均衡价格,这也是经济学中的供给需求曲线理论第一次在除了证券市场以外的地方得到实际应用。Uber开创性地将这一经济学模型跨界应用到打车行业,用模型和算法的方式,很好地解决了打车领域常年存在的供给

---

①指美国著名情景喜剧《生活大爆炸》中的人物谢尔顿·李·库珀博士,该角色是一个智商高达187的物理天才,具有二次元思维特点。

需求匹配难题。

个人认为,这是Uber最具魅力的地方。

第三,全球复制模型。

Uber制定出一套标准化的全球复制模型,广为流传的包括:城市铁三角冷启动一个城市,城市拓展团队,"一键叫×"市场活动,品牌标准化与本土化,等等。这一套模型是基于对商业模型、运营半径、运营要素的深刻理解,并匹配以系统支持而实现的。Uber能够以全球5000个人的员工数量,支持60个国家的400个城市,这一复制模型非常重要。

对于初创型公司来说,把"从0到1"做通了以后,复制扩张是一件高危的事情,模型判断错误或是模型基础不牢固就急躁扩张,都有可能成为失败的导火索。Uber在这一规则的制定上是成功的。

第四,拼车等产品算法。

若论基因,在业务层面,我认为Uber还是一个更偏向于产品技术驱动的公司。观察每一次战役,Uber采用的战术,往往是用新产品、新技术,去数量级地提升效率或市场规模,这背后是基于产品技术的一套逻辑,也是一种引领式的逻辑。

第五,内部的分享经济。

Uber不仅在做一门分享经济的生意,在公司内部也存在所谓的"分享经济"。去中心化的组织架构,对城市团队的放权和赋能,给予员工的尊重、自由度和学习机会,都是基于分享经济逻辑的设置,搭建一个平台,让生态里的玩家互动,互相创造UGC,互相产生正向影响。

这是一种内部规则,在这个规则之下,员工的创造性被极大地发挥、内在动力被极大地激发,这和我们观察到的司机精神动力被激发很类似。可以说,这个内部规则的成功,是Uber能够在外部成功的重要因素。

Uber打开了分享经济的宝盒,发挥了分享经济的可能性。在我们所处的时代里,在这片创业的热土上,分享经济的模式还在不停地被探索。伴随技术的进步,分享经济的更多可能性还在不断被生产出来,有的成功了,有的则尚在摸索。像车辆这样能够被标准化的分享标的,是否还会产生第二个,是一个问题。但在同样的逻辑之下,相信分享经济还能在更多的领域产生更加有趣的应用。

分享时代的企业文化：几个 Uber 关键词

Uber 有一种特别的文化，员工都非常认同。身在其中的我，说不清它的不同究竟在哪里，但我个人确实非常喜欢。

在这里，我会说几点自己观察到的 Uber 文化里值得思考和借鉴的点，并举一些正面和反面的例子。但有一点，Uber 的文化是不适合绝大多数国内公司的，有的要点也许可以给大家提供一点启发。

第一，尊重。

在 Uber 的企业文化里，我觉得最有趣、最特别的一条是"Be yourself（做你自己）"，我认为这是所有其他文化的基础。这句话决定了 Uber 这家公司和它的员工之间的关系，是相对平等的。

如果你仔细观察过不同公司的文化，绝大多数都是公司对员工的要求。我们不妨列举一下那些常见的词：拼搏、诚信、拥抱变化，等等，都是公司要求员工做到这个做到那个。而在 Uber 的这一条文化里，你看到一家公司把自己的位置下放了,坐在和员工平起平坐的位置,告诉员工:你可以做你自己,你的决定我尊重,你的创意我聆听。

Uber非常尊重每一个员工的不同。记得在一次聚会上,一个城市总经理对团队说:"我知道每个人都是出于不一样的原因来到这家公司,请确保你们都能够得到你们想要得到的东西,我们都会给予支持。"

这是对Uber企业文化很好的解读。每个人都有不一样的梦想,不一样的方式,不一样的创意,Uber对于这一切不同都是很包容的。在前文说到的各种实际事例里面,Uber都给予了它的员工非常大的自由度:丰富多彩的市场创意活动都是由员工自主决定的,与司机合作的方式和培训的方式由城市团队自己探索。在Uber中国做出的无数种创新中,有很多是国外没有的,甚至是上级并不太认同的,但是Uber给予了员工自由的空间去发展这些创新,并最终证明很多都是非常成功的杀手级创新。

尊重这个词,说起来容易,但做起来是很难的。经常遇到的情况是,下属提出很多想法,结果领导根本没有在听;或者下属提出建议,领导表示非常认可,但最后没去做。这都是非常令下属受挫的,打击了员工的主人翁意识和积极性。

有个朋友说,企业文化是企业与员工之间对等的契约。这句话我很认同。在过去,机构享有信息和资源的垄断,因此它可以不对等地要求员工遵守契约;而在互联网时代,"90后"逐渐成为社会的主流,维持不对等的契约越来越难,也正是在这样的时代大背景下,Uber平等的企业文化会如此受到员工的拥护。

第二,学习与成长。

我曾经看过一篇对当今人才市场的分析文章,其中提到,现在的人才衡量一份工作,更加注重这份工作能够学到的东西、exposure(接触面)的大小、获得的成长,而对职位高低、收入薪资等要素的重视程度正在下降。

这个说法是有道理的,正如我反复提到的,互联网导致个体的崛起,个体相对于机构的重要性变高。所谓"真正的铁饭碗是到哪里都有饭吃",而互联网让"有饭吃"这件事变得更加容易,所以个人的能力越来越重要,近年来媒体人的出走、网红的兴起、创业的大潮,都遵循着类似的逻辑。

我认为Uber做得很好的一点,是让每个人都能够学到他想学的东西。

首先,它招募人的标准很高,招进来的人都是符合它所定义的"优秀"的人,大多数拥有高学历和顶尖企业工作背景,能够自我驱动。这些人聚在一起,自然形成了互相学习、比赛进步的氛围,哪怕只是和队友一起合作做最普通的工作,也能学到很多东西。

其次,Uber提倡知识的分享,任何一个人有了某方面的经验知识,Uber都能提供很便捷的平台去分享给其他人。

再次，Uber本身是一个产品技术驱动的公司，又喜欢打胜仗，不断有新的革新和战绩在公司产生，这样的大环境本身就是很好的学习环境。

有一段时间，很多人表示为Uber员工表现出的情怀感到印象深刻，甚至惊讶一家公司是怎么做到如此"洗脑"的。作为一个同样对这家公司很有情怀的人，我觉得这种情怀不是意识形态层面的情怀，而是因为真正学到了东西，获得了成长，从而自然流露的感恩。

第三，be an owner not a renter（成为主人而不是租客）。

主人翁意识是几乎每家公司都会强调的价值观，但估计也是最容易成为一句空谈的价值观。自扫门前雪，做一天和尚敲一天钟，被动执行不主动思考，这些都是企业中特别常见的现象。

在Uber，小伙伴们的主人翁精神是很令我感动的。所有人都很单纯地想要把事情做好，为了把事情做好，可以花自己额外的时间、可以做职责以外的事情，面对别人提出的诉求，总是回应"我可以怎样帮助你"，而很少出现推脱的现象。

主人翁意识为什么经常成为一句空话，是因为它所牵涉的面太广，组织架构、放权、经济激励、CEO格局、意识形态、企业成员之间的关系设计，等等，如果配套不到位，就无法让员工把公司的事当自己的事来做。在目前的社会环境中，大部分人毕竟还是习惯听命于权威的，能做到权力和责任对等的公司并不多，公司将权力收在自己手上，要求员工有主人翁意识，这种不给权力、不给利益的主人翁意识，说白了其实是推卸责任,一旦把握不好反而很容易产生负面杀伤力。

并不是每一个行业都适合让员工都有主人翁意识,比如执行力很重要的行业;激励员工也并不是都需要用主人翁意识,可以有很多财务、职务上的激励方式等等。

主人翁意识是一个打开了就收不回来的"潘多拉的盒子",当创业者宣导这一点的时候,可能需要想好是否能够做到与主人翁匹配的格局、权力下放和组织架构。

第四,赢。

如果说Uber其他的文化都和硅谷公司的文化大同小异,"赢"这一点算是Uber的独有特点。

Hustle这个词的中文翻译工作真是苦了翻译小伙伴。这个词是原本用在篮球比赛中的,形容的是一个篮球队员运球突破各种防守、突进投篮的情形。而fierce(凶猛)、championship(冠军)都是一种争强好胜的性格。这几个词其实就是Uber创始人特拉维斯的性格,而Uber沿着这种性格招聘来的人,基本都是同样的腔调,遇到困难就非常积极地找各种解决方式,遇到对手的时候两眼放光,而且从不掩饰自己想要赢的欲望。套用很流行的"狼性文化"和"小白兔"的说法,Uber是非常狼性的公司,一只小白兔都没有。

有句话说,打胜仗是最好的团建,这是绝对的真理。各种刻意安排的团建活动固然对增加团队互相融合有好处,但真正牢固、深刻的友情是在战斗中产生的,而对公司的信任也是在胜利中产生的。当团队包裹在打仗的精神里的时候,非常容易团结和热爱彼此,而慢下来的文化则容易让人滋生各种想法。

Uber的文化是依靠其去中心化的组织架构去承载的。去中心化的组织架构,是所谓的尊重、学习、主人翁精神的基础保证。在Uber,90%以上的运营决策都下放到城市团队层面,从主观意愿到系统支持,都确保城市团队能够最大限度地享受自由度和空间,去主观能动地创新、创造,去选择和发展各自的专长。

Uber拥有一套去中心化的业务组织架构和源自员工自身的学习体系。我们可以把Uber内部类比为一个以UGC为主要内容的公司。能够形成优质的UGC,其前提是每一个UGC的生成者都具有非常强的水准(不然就只好PGC了)。

Uber非常重视员工推荐,员工如果推荐成功,可以得到很高的奖励。Uber的招聘团队非常强,他们是员工进入公司的第一关,对公司的文化有着非常深刻的理解,对面试者的判断往往非常准确。

这一切基础设施的搭建,与企业文化一脉相承,共同造就了你所看到的Uber文化。

有一句非常流行的话:“对于创业公司来说,公司的文化就是CEO的文化。”的确如此,当公司小的时候,公司的行为方式就是CEO的行为方式,公司的价值观就是CEO的价值观,这是贯穿在整个体系之中的。等到公司大了,才需要总结出一套固化的文化宣导体系,但从根本上来说,还是CEO的文化,只不过是被总结出来了而已。

Uber一开始并没有一套特别成体系的企业文化标语和下达系统,只有少数的几个词,到后期才总结出来14个词进行全公司宣导,以及所谓的"上墙"。但在这些词被标准化以前,高管层如何做事情、怎么做判断,都被所有人看在眼里,被所有人贯彻,这早就成了未被名词化的文化。

我相信绝大多数公司都是这样。早期的公司,文化可以不总结,但一旦总结宣导了,最好不要和实际的不一致,宣导的文化、招聘依据的文化标准和实际的文化不一样,表里不一,这对公司是极大的伤害。这需要CEO对自身有清醒的认识,尤其是缺点。

有人很奇怪,说Uber这个美国文化的公司怎么能在中国洗脑了这么一大堆人。我并不是Uber企业文化的缔造者,所以我没有发言权,但是根据我用平等、内在驱动的理念来对待司机和某些员工的经验,一旦你开始尊重对方、聆听对方、赋能对方,彼此的认可和热爱就会滚滚而来,这就是人性,就像水往低处流一样。

总结以上几点,Uber可能是最"不讲情怀"的公司。它只是实实在在地给了每个员工权力和空间,给了每个员工股票,给每个员工赋能。至于情怀,Uber从来没有开过一次洗脑会,一切都是自然产生的。

Uber的文化很特殊。以上各个环节无疑是一个紧密连接、互为因果、自成体系的完整链条。

80后的人们聚在一起,总爱讨论90后有多难管:他们做事情只凭自己的喜好,不高兴了也不会勉强自己,这让70后、80后们无比头疼。在滴滴和Uber合并的当口,无数Uber的90后员工和实习生做了强烈的情绪表达,也让人们奇怪:Uber是怎么把这一群难管的90后给洗脑的?上文也许可以提供一些线索。

在从前的市场上,大多是从"没有选择"的时代成长起来的人,他们天然地愿意勉强自己;而在不远的未来,职场上将充满了从小不愁吃穿、拥有很多选择的90后、00后们,他们在市场经济的环境下出生、长大,基因里流淌着市场经济和等价交换的基本编码。当90后越来越多地成为职场的重要构成部分,00后也即将站上职业的舞台,如何去管理这一帮人,Uber的方法或许值得借鉴。

在市场经济、互联网的大潮下,连接社会价值的基础设施从机构变成了网络,分享经济只是这个浪潮中的一个体现,在它的背后,是个人超越机构成为核心要素的趋势,企业管理也势必将顺应这一趋势。

分享经济的双边市场

分享经济在本质上是"平台"的一种，讨论分享经济和讨论平台经济、双边市场的本质一样，也有其特殊性。

平台已经在我们的生活里存在了很长时间，我们最熟悉的平台中，就有电商平台淘宝、房屋交易平台链家、视频平台优酷土豆等等。

根据标准的定义，平台经济是指一种虚拟或真实的交易场所，平台本身不生产产品，但可以促成双方或多方供求之间的交易，以收取恰当的费用或赚取差价的方式获得收益，从而形成商业模式。

平台是一个双边或多边市场，一边面对消费者，一边面对商家。平台经济通过双边市场效应和平台的集群效应，聚合众多的参与者，参与者们有着明确的分工，都可以做出自己的贡献。每个平台都有一个平台运营商，这一角色负责聚集社会资源和合作伙伴，为客户提供好的产品，通过聚集人气、扩大用户规模，使参与各方受益，达到平台价值、客户价值和服务价值最大化。

分享经济,也是平台经济的一种,它与其他平台的差异在于,平台的商家端已经拥有某种物品的所有权,将物品的使用权分享给消费者。正因为如此,分享经济有其特殊性,比如标的的非标品的性质、供给端数量巨大,等等。那么,一个分享经济的生态系统应当如何搭建呢?在我看来,有几个原则:

第一,简单的规则:让做得好的人得到更多。

一个良性的系统是公平的,而不是平均的。在公平的机制下,优胜劣汰,参与者各自发挥自己的优势,实现系统利益和效率的最大化。搭建分享经济的优胜劣汰的系统,要让做得好的人得到更多,无论是流量上的还是物质上的。

第二,长尾的精细运营:让创新被鼓励。

虽然分享经济的生态遵循二八原则,但长尾的参与者是分享经济的生态里最重要的一环,他们源源不断的创新构成了那20%的来源,也构成了体系内差异化和吸引用户的卖点,让系统不是静止的,而是流动的、有生命的。这样才有进化、生长的可能。因此,分享经济生态系统的搭建者可以精细而巧妙地去经营这一部分参与者。

诚然,80%的行程是由20%的全职司机服务的,他们整天做司机,无法跟你探讨环游世界的乐趣,但是人们记住的永远是那偶尔碰到的坐在宾利里面的富二代司机。99%的Airbnb房子都是普通民房,但你或许就是为了那个原始森林里的树屋和卢浮宫边的古董宅子而下载了Airbnb的应用。回家吃饭80%的菜品都是家常菜,但你却会为了那碗由模特美女所做的在别处再也无法找到的配方独特的米粉,而隔三岔五就打开APP满足一下思念之情。

长尾不只是做公关传播的,它构成了分享经济生态里最有活力的部分,也是一个生态生命力的indicator(反映),尤其是对于非标品的分享经济而言。

回家吃饭的"全城精选"产品线,就是完全针对传播及创新这两个诉求而开发的产品:一方面,它精选出最特殊的"爆品",比如韩国秘方炸鸡、独创的米粉、藏区石锅汤等,打开了更广的配送范围;另一方面,它对美食本身及美食的制作者进行差异化包装,推动用户群口碑传播及社交媒体传播。在短短三个月内,以较小的供给资源撬动了数倍的供给单量,并迅速成长为平台内第二大产品线。同时,通过发掘和精细化运营有潜力的爆款美食,全城精选成为回家吃饭拓展厨房产能的重要试验地,可以说,未来那20%的头部厨房的"九阴真经"就将来自于这个产品线。

但是,缺乏控制的创新生态会变成一片杂草丛生的园子,这最令人害怕。所以,所有创新的最终控制点还是要把控在平台手上。比如,Uber的司机后台里,司机头像是不能自己更改的,这确保了身份和安全这个规则不被"创新";又比如,无论怎么创新,如果回家吃饭的某个厨房如果涨价太严重,就会影响排名。

一个系统留什么给参与者玩,有什么抓在自己手里,是一个有挑战的问题。

第三,成长体系:赋能。

每一个新加入分享经济平台的人,都会经历一个从"小白"到老手的过程。平台期望有更多的商家能够成长起来,成为头部商家,而给商家赋能就是培育头部商家的方式。

赋能有很多种方法。比如培训,平台通过大量实践和分析,总结出最好的经验,并且通过培训的方式,教会生态系统里的所有人。比如提供工具补弱项,Uber在APP中为司机提供GPS功能,解决了新手司机对道路不熟悉的问题。比如提供运营指导功能,回家吃饭的厨房端就有一个定价指导功能,厨房上菜品的时候可以看到这道菜品的指导价格,帮助他们制定合理的价格,降低学习的成本。

伴随参与者的变化,平台也会变,方向也许并不完全符合原来的预期。平台需要对来自用户的变化保持高度的灵活度。优酷诞生的时候,没有人料到会有一群人以吐槽网络剧为乐并由此诞生了弹幕;苹果手机诞生的时候,乔布斯也许并没想到会有人拿它打车;在Musical.ly(一款音乐类短视频社区应用)做过的无数种产品尝试里,也许不会有人想到"比谁最丑"的功能会大火。但这些正是来自于被赋能后的生态。

搭建分享经济的生态系统是很有趣的,就像是上帝在建立一个新的世界。

为何足球竞赛的规则让每个人都参与其中、乐在其中,成为遍布全球、辐射极为广泛的系统,而攀岩运动的规则却始终缺乏延展性、无法形成生态和创造产值?

为何荷兰能够取代法国这样的老牌发达国家成为欧洲最重要的金融中心之一?

为何美国能够在过去几十年间孕育如此有活力的经济和科技?

这些都和建立世界的规则有关。一个世界的终局,从建立规则的诞生之日起就决定了。想到这一点,建立它的过程就变得无比有趣。

分享经济的创业者是幸运的,他们手中正在创造和把玩的系统,是可以高深至哲学层面的一个谜题。其中乐趣无穷而又富有挑战。

如何解决"专业户"问题

分享经济为人们描绘了一个乌托邦式的图景,让人们看到了下一个经济和社会的组织形式,在社会物资极大地丰富之后,人们分享资产和资源,用更低的成本获得使用权,各尽所能、各取所需。从纯理论上来说,整个分享经济建立在比金钱更有善意的基础之上,但当这个"宝宝"真正降生到世间的时候,人们发现,它并不如想象中那么完美。

人们最常产生的质疑是:在分享经济的平台上,如果出现很多的黑车司机、二房东 / 地产中介、小作坊,那分享经济不就"变味"了吗?

在探讨道德问题之前,我们先来看温饱的问题:究竟什么样的分享生态系统才是有效的?

举个例子,小明在课余时间做了 Airbnb 的房东,他填写了大量的个人信息,完成了严格的身份审核,研究了如何获取住客的欢心,将打理房屋和用户融入了自己的生活和日程,从一个新手变成了一个"专家"。

此时,他的同学也有一间房子想要交给他来打理,或者他又去租了一间甚至好几间房屋来做 Airbnb,他需要付出的额外成本只是每天多花几十分钟时间,以及一次性回复更多的住客而已。而如果此时,Airbnb 的系统追求绝对的平均,那么原有的房主就必须自己把小明走过的从新手变成专家的道路再走一遍,每天付出的额外时间也更多。这样,增加的这一套房子的额外成本变得更高,而住户支付的价格也就更高。因此,从微观层面看,让"专家"提高产能,对增加房屋供给量而言是更加有效的方式。

老祖宗的二八原则即便在科幻世界里也依然是有效的。事实上,Airbnb 在 2015 年有 19% 的交易额来自于 1% 的房屋提供者,这些人正是二房东,他们包下了好几个住宅,统一装修打理;在大多数专车平台上,大约 70% 的行程是由 20% 的全职司机提供的,这些司机每天工作 8 小时甚至更久,有人专门为做专车司机而买车。

所谓的"变味",早就不只是担心,而已然是一种现实,并且成为维持任何一个平台社群(包括分享经济社群)所必备的架构。甚至某些新晋的分享经济的模式,就直接跳过了 C2C 的阶段,直接从更有效的 B2C 入手,比如分享单车。

这听起来是乌托邦的幻灭,却并不是洪水猛兽。

常常可以听到这样一句话:"因为我们的业务模式是真的分享经济,所以我们才是站得住脚的商业模式。"这句话看起来很正确,其实是一个很有迷惑性的伪命题。分享经济有各种不同的形式,有站得住脚的,也有站不住脚的。

分享经济与平台经济并无本质不同,它的供给端生态系统也需要遵循基本的平台商业逻辑,二八原则、头部效应、长尾理论、规模效应,这些平台电商的基本逻辑,在大部分的分享经济里一样适用,如果恰当比例的"专业户"是可以让分享经济平台更有效率、用户价值更大的,那就是合理的。

"专业户"是个问题吗?

当人们说到分享经济的时候,往往谈到"专业户"就色变。那么,为何要"解决"专业户问题,"专业户"为什么会成为一个"问题"?如果我们把这个问题剥开,其实是因为,大家普遍认为,专业户与分享经济是冲突的。

的确,互联网带来的重要价值之一,就是去中介化,它打破了信息的不对称,让同样的信息或物品可以通过更少的中介环节,从一端到达另一端。但是,并非所有的中介都应当被去除,比如一种水果,如果去除从树上到人们餐桌上所涉及的所有环节,难道是最有效的吗?并不是。在运营的实务中,有很多非常现实的问题,大到中介在产业链中贡献的价值,小到开发票这样的细节,都是非常现实的问题,在搭建平台的时候,无不需要考量。

当互联网越来越多地进入传统行业,当互联网人在"颠覆"传统领域的时候,需要对传统领域有足够的敬畏。老祖宗这么多年来形成的产业链环节,一定有其道理在。

分享经济的周边生态系统

分享经济构建了新的产业链条,成为了新的"中介",而伴随新的产业链的形成,周边也产生了新的中介。

经过两年多的时间,分享经济在中国生根、发芽,并长成了一棵参天大树,伴随它生长的,不只是这棵树上的叶子和花朵,还有一整个生态系统。

保险是和信任度高度相关的,而信任度是分享经济至关重要的元素。其中的道理很简单,分享经济颠覆了传统的工厂生产、机构供给,但个人供给者可都是非专业户,并不具备大型机构的规范化标准,没有ISO(通行标准)。另外,这些个人和分享平台并不是雇佣关系,平台对他们的把控力是有限的,一个员工连续一周旷工,公司可以要求他回来上班,但是,一个房主如果出去度假一个月,因此在这段时间内不能将房子用来短租,房子的粉丝们就只能瞪着眼干着急,一点办法都没有。于是,体验的不稳定、产品的非标性质,让建立信任度成为重要的挑战。

所以,对于任何从事分享经济的公司来说,是否能够建立信任度是一条"及格线"。事实上,很多大平台都花了大量的精力,在产品和运营上做了很多工作来确保信任度。除了惯常的用户评价、沟通、客服、支付体系以外,Airbnb采用的实名制、证件认证、社交媒体账号链接,以及Uber的实时行程分享监控、司机背景审查,都是为信任度而设计的产品和体验。

信任度对用户推广也至关重要。面对一个崭新的分享经济形态,面对一款由陌生人提供的产品或服务,用户们需要跨越很高的信任门槛才能够完成第一次购买,消除疑虑是获客和传播的前提,信任可以直接转换成更低的获客成本。

保险是和分享经济最息息相关的行业,是所有分享经济平台解决信任问题的重要手段。保险行业对分享经济的接受,也经历了一个过程。在Uber时,就专车的保险问题,我曾经寻找过一堆保险公司,问了一大圈,才发现现有保险产品的结构完全是基于传统业态的,而由于互联网的分散化,分享经济的业务模式和保险格格不入。对保险公司而言,保险人与被保险人关系的定义、出险时间的确认方式、保险人身份信息的定义,全都是基于传统的业态和技术;互联网这种以一单一单的生意为单元的活动很难在已有的保险体系里面找到合适的对应产品,即便想要做出一款适应分享经济的新型保险产品,却连放到哪个类型都不知道,这几乎成为了一件不可能完成的任务。

两年过去了,进入"回家吃饭"的时代,当我再次操盘保险业务的时候,发现情况比当初已经好了太多。在比较成熟的分享经济或者垂直电商领域,已经有思路比较活跃的保险公司开发出了新型的产品,为诸多独角兽公司提供保障。

但"吃的分享"终究是一件很新的事情,我们向保险公司询问后,并没有找到实际可操作的保险公司和合适的产品。在四处寻找及摸索的过程中,我们发现了一家专门服务于O2O企业的互联网保险类SAAS创业公司。也许是因为O2O的盛行吧,这家创业公司专门协助O2O公司对接保险公司,找到合适的产品,以及提供出险核赔数据统计等相关的服务。在这间公司的帮助下,花了不少精力,回家吃饭终于找到了合适的产品。

渐渐地,互联网保险公司不断涌现,基于互联网的新型产品不断被开发出来。在互联网以外,融资服务、获客渠道等生态链产品,都一个一个地生长了出来。我们可以看到,分享经济由几棵参天大树开始,长成了一片森林。

怎样高效地运营分享经济生态

分享经济的供给侧是一个数量巨大的群体。因此,管理分享经济的供给侧,不能再依靠传统的供应商管理模式,而是需要打造成一个生态:有头部的"专业"参与者,有新鲜的血液能够被引入,长尾上的参与者有机会成长为头部参与者,从而不断地迭代更新。

如果形成这样的生态样貌,整个平台就能够形成健康持续的良性循环,实现高效的运营。而为了做到这一点,就需要有一个良性的规则存在。

那么,什么样的规则能让分享经济的生态高效运营呢?我认为,打造分享经济的生态,高效地运营分享经济,需要遵循如下几点原则:

首先,规则越简单越好。

与其他经济形式相比,分享经济最大的区别是,供给端是一个个非专业的个人,他们提供的服务没有通行标准,他们中的大多数人是在利用闲暇时间进行兼职,愿意为之学习规则的动力甚至远不如全职的淘宝商家。所以,管理这些人需要用不一样的方法。

一个雇员入职一家公司的第一天,一般会收到一本厚厚的员工手册,里面写明了公司所有的规章制度,甚至会有一周到数月不等的培训时间,帮助员工理解这间公司的各种硬性制度、软性规则和理念文化。这些文件和培训,是为了让员工在正式上手工作以后,能够按照这间公司约定俗成的规矩来做事。

一家工厂与供应商达成合作之后,会签署一份长长的协议,协议里面规定了各自的责任义务和合作的相关行事标准。当然,并非所有事情都写在协议里,两个在同一经济体中存在的公司,已经遵循着同样的市场准则,况且在协议以外,已经有大量政府和组织制定的标准。

但是,在分享经济中,以上两种方式都不再适用了。想要去管理这些"非专业选手",让他们阅读一本厚厚的手册,显然是不可能的,甚至连几页纸的规范都很难推行。

所以,分享经济的规则,一定要简单。

复杂的规则和简单的规则,形成的管理效果千差万别,这一点在回家吃饭就有活生生的实例。回家吃饭曾经有一套6页纸长度的家庭厨房管理制度,但在实际运营中我们很快就发现,这些制度很难执行下去。我们期望通过规则达到的效果,几乎没有能够达成的。为了分析原因,我们对家庭厨房进行了一次调研,发现几乎所有的家庭厨房对规则一条都记不住,更别说6页纸那么多了。于是,我们对这6页纸的规则做了大刀阔斧的减法,力求找出核心。

最终,我们找出了几个核心管理要点,并将管理要点缩减为3条,一共不超过10个字,并且落实成简单明确的数字,同时在APP端进行展示和强提示。这一修改的效果是非常明显的,新规发布不到两周时间,所有的家厨都口耳相传、牢牢记住,我们所关注的几个指标也迅速得到改善。

有趣的是,对于任何公司来说,6页纸的规则显然并不是太复杂的规则,而对于分享经济的群体而言,这就过于复杂了。简单,再简单,就是第一要义。

越是海量的群体就越需要简单的规则。伴随生态规模的成长,群体对简单规则的需要就越来越强烈。我在Uber经历了业务量万倍增长的过程,亲历了不同体量下不同规则的效果:在司机只有几十个人的时候,可以深度细致地管理,大不了可以一个人一个人地详细解释;在1000人的时候,尚可以使用抽查的方式去做深度管理;但当群体规模变成专车领域的百万、千万级别的时候,就需要一个能够自己生成的规则。例如,Uber曾经编过一首四行打油诗来帮助司机记忆核心规则,其朗朗上口的程度让司机广为传播,效果远远大于厚厚的一套规章制度。

分享经济的参与者是个人,分享经济的平台可以有完善全面的制度来管理他们多样而个性化的一面,但必须提取出最简单明确的核心标准,不能超过三点。

所以,做减法、抓核心,是制定和执行规则的要点。

其次,规则一定要对所有参与者公平。

公平是确保生态良性发展的最基本原则,规则的设定,一定要基于平台的主张和整个生态系统的考量,而不是偏向专业的参与者,平台不是为那20%的专家服务的。

偏向专家的规则会导致"吃老本"的现象产生,从而使得服务的整体质量下降。

回家吃饭的首页厨房展示和排名曾经依据的首要指标是历史单量,权重仅次于地理位置,这就导致了生态里出现了"论资排辈",资历老的厨房能够获得更多的客户点击和单量,于是老厨房不再努力。即使做得很差也有单子可接,曾经做得很好的厨房质量不断下降,用户体验被严重伤害。更糟糕的是,新的厨房很难突破重围,兴冲冲地报名上线了,过了几周也接不到什么单子,导致大量新开发的厨房流失,平台的增长速度受到阻碍。

经过调整,我们将满意度评分作为最重要的指标,在用户端展示,并给予较大权重,历史单量虽然有一定的权重,但不再向用户展示。调整之后,整体的差评比例降低了将近50%,所有的家厨都开始研究怎么样做得更好吃、怎么样服务得更好。

专车领域也曾经蹚过一样的坑。

曾几何时，专车领域的APP众多，每个APP虽然在做同样的业务，但是各自的规则都不一样，观察这些规则会得出一些很有意思的结论。

有些APP的规则非常偏向于老司机，派单逻辑倾向于老司机，一个司机在平台上做得越久，就越能够得到更好的单子。这个规则从表面上看起来很有助于司机的留存，能够让司机在平台上的黏性越来越高，但是从长远看来，对整个生态是有害的。过一段时间，新的司机不愿意再去这些平台了，因为所有的新司机都发现，他们根本没有机会，只能接老司机剩下的比较差的单子，没有生意可做，他们反而愿意去别的平台发展。于是，这类平台就白白把市场机会让给了新平台，在市场竞争中受到损失。

建立分享经济的平台要明确，平台要把那20%的头部参与者服务好，但平台不是为那20%的参与者存在的。如何建立一个规则，让新进来的人也有机会，让老的人也越来越有黏性，就是一门艺术。

第三，定义明确的"好"与"坏"。

对于海量的个人供给者来说，奖惩的原则，要有明确的定义，什么是"好"，什么是"坏"，要说得清清楚楚、明明白白。

什么是"好"？一方面，对于交易平台，最重要的是看用户最看重的价值点是什么，比如回家吃饭的外卖用户最在意好吃、服务好、快速，抽象成几个关键指标就是满意度评分、及时出餐率；另一方面，依据不同的平台属性和模式，需要有不同的考量，比如Airbnb考量房东，只看一个指标，就是及时回复时间，因为Airbnb坚持C2C的房屋分享模式，但相对C2B2C的模式，其劣势是有可能预定得不到及时的确定，反复沟通十分麻烦。针对这一点，Airbnb选择了回复快速作为其定义的"好"。

定义"好"，也要定义"坏"。这和教育孩子是同样的道理，要明确一个边界——什么底线是绝对不能碰的，以及什么是平台最介意的。

首先要明确绝对不能触碰的底线，比如弄虚作假。

曾经有创业团队问我，对于刷单是否可以稍微放松管理，毕竟对冲业绩有好处。我的观点是绝对不可以。刷单的危害在于，一旦一颗老鼠屎没被清理，一锅粥就全坏了，一旦人们发现有人可以不劳而获，就会纷纷效仿，再也没有人会老老实实地依靠提供服务来赚钱，这时候再想要回头就非常难了。因此，刷单现象必须在火苗出现伊始就掐灭掉。在Uber和回家吃饭，分享经济参与者一旦被发现刷单，就会被停止账户并永无复活的机会，严格的规则是生态洁净的前提条件。

平台最在意的要点、最影响用户体验的要点，不妨用"惩罚"的形式体现，那会被记得更牢。比如，当Uber最初建立品牌形象的阶段，司机如果不穿衬衫、戴领带、提供水、给乘客开关门，他的奖励就会被扣除一部分，这几条对司机来说是很高的要求，但也是Uber与其他品牌区隔的点，因此采用惩罚的形式，让这个区隔点被非常彻底地推行，并为整个司机群体奠定了非常好的基础标准，这个文化基础确立了，之后的运营就变得省心多了。

"好"和"坏"也是与时俱进的,在不同的发展阶段,可以定义不同的指标,运营者需要对当下的运营要点保持高度的敏感。

比如,在Uber早期缺车的时候,我们要求司机必须达到一定的接单率,才能够拿到奖励;而当车辆供给充足的时候,就不再强调接单率这个指标了。其背后的逻辑是这样的:当Uber的车辆密度较低时,最近的车子经常距离用户有10~12分钟的车程,而如果这个最近的司机没有接单,系统会派发给下一个司机,这个第二远的司机距离用户往往是17~18分钟的车程。我们通过数据分析发现,第一个司机没有接单后,派发给第二个司机之后的取消率直线上升,对用户体验伤害极大。于是,我们从中抽象出接单率这个数据指标,即每100单有多少单子司机接了,如果接单率低于70%,则司机的奖励会被扣除很大一部分。在这样的规则下,司机会确保尽量每一单都接,这在Uber初期确保用户体验方面立下了汗马功劳。

尤其是在Uber的规模发展到7分钟抵达时间这个临界点的时候,用户数量处于即将爆发的节点。在这个时刻,我们对于接单率的要求更加严格,因为这一指标的把控与否,将决定体验是"特别好",还是"特别坏"。

而到了后期,在车辆密度达到很大之后,距离最近的司机和第二近的司机到达时间差异不太大,无非是三分钟接驾和两分钟接驾的区别,对于用户来说没什么区别,我们就不再采用接单率作为"坏"的标准了,转而将注意力转移到当时影响用户体验较多的取消订单、不认路等情况上。

有些情况适合用奖励的形式，有些情况适合用惩罚的形式，采取哪种形式，是平台的考量。

第四，激励的刺激：钱是最大的激励。

分享经济的供给侧群体并不是平台的雇员，没有劳动合同束缚，平台对他们能够实施的控制力较弱，需要通过激励的方式去把控这一群体。而在众多方式中，金钱是最大的把控工具。

可以作为奖励的东西有很多种，引导流量、分级、积分等，但最有效的，是金钱的激励。金钱的好处在于，它是全世界最标准和最简单的"底层协议"。Uber曾经尝试过的激励方法不下百种，但最后我们发现，最有效、最立竿见影的，还是最原始的金钱激励。

金钱还有另外一个好处，就是迭代速度快，市场但凡发生什么变化，可以立刻调整，不像积分等规则，产生效果的速度慢，有时还涉及产品技术开发周期，没有办法对市场变化产生快速的反馈。

除了金钱激励以外，精神激励也是一种方式。

分享经济有着一些"非盈利"的属性，有一些人并不是单纯为了钱才来参与分享经济的，有的人是为了自我实现。比如在回家吃饭上，就有很多美食爱好者，做了一手好菜，来回家吃饭做家庭厨房的目的是实现一辈子的"开餐馆"梦；Uber、滴滴上也有很多希望结交新朋友、希望放松自己的司机。对于这一类人,精神层面的鼓励也会带来意想不到的效果,社群活动、评比、分级等都很有效。

Uber曾经有过一件很有趣的事情,就是试验给做得最好的司机名字前面加"金牌司机"四个字,这个如此简单又毫无成本的措施,带来了意想不到的效果,对司机服务质量的提升效果比金钱奖励还要大。

反馈激励的周期也有非常重要的作用。如果你想要达到最大的激励效果,最好将激励的反馈周期缩减到最短,如果能够实时展示,效果就最好。在Uber进入中国以前,网络约租车行业对司机采用每个月结账一次的方式,但自从Uber实行了每周结账之后,司机的体验提升了几个数量级,立刻秒杀了对手,赢取了很多用户。

以周为维度的服务质量反馈并不容易被记住,但以天为维度的反馈就让质量数据有了明显提升。每单收入、实时余额的功能被证明是促进黏性和提升供给的心理利器。但这都需要基于强大的数据能力和灵活的系统,数据对于运营的帮助,甚至本质的改变,也在于此。

Uber 与滴滴:两种规则,两个产品逻辑

仔细观察 Uber 和滴滴的产品逻辑,你会发现一些很有趣的事情。这两个 APP 的差异,以及其所代表的"硅谷派"APP 与"中国派"APP 的差异,仿佛就是中美两个社会的缩影。

Uber 的规则设置得非常简单,几乎没有可以留给个人操作的空间:乘客叫车的动作只按一个按钮,不可以选司机,不可以自己加价;司机接单只需接受被派的单子,不可以挑选单子,不知道单子的细节,派单逻辑完全由系统完成,距离最近是派单的唯一标准;动态加价的价格由系统计算制定,用户只能选择接受或不接受。

但是规则的制定方——站在上帝视角的 Uber 产品设计和运营人员,必须用大量的思考制定规则,增进规则的合理性。规则中有大量的参数是可以由运营人员调整的,不同的参数可以带来完全不同的派单结果和体验,每个城市的运营人员都用海量的数据分析去研究城市的

特性和运营情况,并且不断地调整参数,以获取最好的用户体验和系统效率。这仿佛就是一个小型的美国社会。

而滴滴以及其他国内打车 APP 的规则就给了用户很多操作的空间。在易到,乘客可以选择具体的汽车型号和司机;在滴滴,乘客可以选择加价多少,司机端采用抢单制,司机听不断播报的单子,抢自己喜欢的单子,乘客得到的车不一定是最近的。

相应的,系统承载的计算量要小得多。比如,系统不需要计算动态加价的具体价格,而只要设置相对宽泛的阈值和对应的少数几个推荐加价额,由个体自己选择加价多少,并经过多次试错找到匹配。

这样自主的选择会让个体更受益吗?不一定。

司机常会抱怨抢不到真正的好单子。从概率上说,每个单子都自己抢相比完全由系统指派,最终得到好单子的概率不一定更高,但是人们更信任在一个不一定可信的规则里自己的选择,并在自主的选择中得到乐趣。

这不就是两个社会的区别吗?

在中国和美国过马路,有两种不一样的体验和乐趣。在美国,绿灯的时候人们可以闭着眼睛过马路,不用动脑子,但却不被允许在绿灯到来以前穿过马路;而在中国,则可以有很多方法在某种红绿灯的组合中找到过马路的节点,从而节省时间,但代价是无论红绿灯,你都得眼观四路、耳听八方。

这就是不同社会制度及契约精神下的不同个体。美国的社会规则非常完善，每个人很遵守契约精神，当所有人都按照规矩行事的时候，系统能够达到它设计的最大效率，而个体不需要自己动很多脑子，可以"笨而快乐"地活着。而中国的社会制度相对不完善，个体本能地爱钻制度漏洞，甚至绕过制度，这对互为因果的蛋与鸡互相发酵的结果，就是每个人都很聪明、爱操心也缺乏安全感，而一些制度也没必要去太仔细地考量。

一个产品，是中国产品经理做的，还是美国产品经理做的，几乎可以一眼看出。美国的产品界面都是非常简单的，而中国的产品界面都堆着很多东西，这正是因为两个社会的基因导致了不同的用户使用习惯，从而导致不同的产品逻辑。

那么，谁更优呢？数据证明，堆着很多东西的产品界面确实获得了中国客户更高的点击和转化，实现了更高的页面效率。

两个制度都激发了创造力，但迸发出的创造力性质却不一样，也产生了不一样的效果。而有趣的是，如果你看过凯文·凯利的《失控》，通过这本号称"互联网界《物种起源》"的著作，你会发现中国的规则和系统似乎更像凯文·凯利描述的生态。这是一件很有趣的事情。

相比高深的理论，Uber和滴滴APP的对比，更轻松有趣。

经常有朋友因为和男友或老公"三观不合"而神伤，"我让老公去托关系，使我们在旅游时能占到一个好一点的位置，但他非要走正常渠道,怎么劝都没有用","每次男朋友开车时坐副驾驶,我都要跟他吵架,我特怕麻烦,车该走什么路就怎么开,但男朋友非要找到一条捷径,在车流里面窜来窜去,这能快多少啊,还不够折腾的"……这样的抱怨比比皆是。

有什么方法能在相处之初就判断双方的"三观"合不合呢?也许你可以问问他喜欢用哪个APP,这会告诉你,他是一个遵循规则喜欢简单的人,还是一个善于在规则中找到机会的人。

同样的,问问对方相信中医还是西医,也会帮助到你获得很多关于三观的判断。

我们常常说,国外的东西进入中国,总觉得会不接地气。事实的确如此。

很多国外的产品和体系,其根植于一个完全不同的文化和社会体系,呈现到产品上,只是一个表象。

一家国外公司本土化的过程,不是招几个中国人、"接上地气"那么简单的,就像当你看到了一棵长得不一样的大树时,若想把它改变成你习惯的样子,可不是修剪枝叶那么简单,大树的脚下,有一整套错综复杂的根系,它扎根于一片独特的水土。"修修剪剪"而不解决根本性问题,既伤筋动骨,又不切实际,其中又涉及很多人为因素,这也解释了为什么西方文化背景的公司在中国的本土化过程中总是会遇到各种问题。

　　和大多数外企在中国的分部不同,Uber中国的定位不只是"当地销售",不是去把一个国外做好的产品卖到中国而已,它在中国做运营也做产品,因此能够做到更好的本土化,但难度也高得多。

　　面对这件难度系数更高的事情,Uber在中国招募到了一大批能够同时深度理解西方文化和中国文化的人。依靠这群在西方商业环境和中国商业环境里都能够如鱼得水的生意人,做到了相对接地气。

　　我常听身边的朋友说,Uber的产品一开始用着不习惯,但一旦习惯了,就觉得特别省心,依赖度很高。虽说萝卜白菜各有所爱,但美国、以色列等西方国家的确有不少好用的产品,有很多宝藏,如果能够使用"拿来主义",做适当的本土化,与国人的使用习惯很好地结合,不失为一件造福人民的乐事。

女性与分享经济

20世纪90年代,当我还在上小学的时候,我在爸爸的电影收藏里找到一部电影。

这是一部关于钢琴的电影。我迷迷糊糊地看到最后,女主角终于脱离了桎梏她、折磨她的丈夫,坐在一条小船上,和男主角共同奔赴他们美好的生活。她决定把记录着她痛苦记忆的那台三角钢琴扔到海里,但意外发生了,三角钢琴带着绳子把她拖进了海里,她被钢琴拖着往海底沉去,险些窒息而死。危急之际,男主角跳入海中把她救了上来。他们在新的地方,带着残缺的身体,开始了新的生活。

那时我还很小,但懵懵懂懂地,我觉得自己似乎看懂了这个画面。那架钢琴代表传统对于女性的桎梏,它几乎将这位女主角杀死,而在经历了死一般的痛苦之后,女主角得到了重生。这是幼年的我第一次窥视到女性主义的世界。

2001年，好莱坞出现了一部重量级的动画片《怪物史莱克》，除了巨大的票房成功和那只史上最萌的佐罗猫以外，这部电影还扮演着另外一个划时代的角色：好莱坞动画片的女主角第一次开始主动追逐自己想要的幸福了，动画里的菲欧娜公主放弃了白马王子，嫁给了一个怪物。要知道，在此以前，在《白雪公主》《灰姑娘》《睡美人》等所有的动画片里面，公主都是坐在城堡里乖乖等着白马王子来救的。

十几年过去，女性的独立在电影里又得到了更进一步的演绎，在2013年的迪士尼电影《冰雪奇缘》里，女主角完全不需要依靠一个男性（不管他是王子还是怪兽），而是独立地达成了自己的梦想。王子在这部电影里干脆被塑造成了反派。

动画片可以说是美国主流文化的符号，从它的演变里，你可以看到在主流的社会价值观里，女性主义的发展脉络。在最主流的文化之外的电影世界里，你也可以看到很多女性主义发展的脉络。

前文所说的那部关于钢琴的电影，叫作《钢琴课》，它的导演简·坎皮恩是一位著名的女性主义导演，她一生前前后后的诸多作品，都在探索着女性主义的话题。而有的女导演走得更远，比如一位名叫凯瑟琳·毕格罗的女导演在2010年就曾打败她的前夫詹姆斯·卡梅隆，夺得了当年奥斯卡金像奖最佳影片奖。她导演的获奖影片《拆弹部队》，是一部以纪实手法拍摄的战争题材电影，从影片的主题、故事、运镜、剪辑等方方面面，你完全看不出来这是一位女导演所拍摄的。

相对于欧美脉络清晰的女性主义发展线条,在大洋对岸的中国,脉络则没有那么清晰。

曾几何时,所有的童话故事都止于"从此王子和公主幸福快乐地生活在了一起",所有社会对女性的期望都止于"贤妻良母"一词。女性过了28岁这个年龄之后,似乎就再无期望,再无可描述的了,女性的人生仿佛就止于此。但时间推演到此时此刻,情况已经发生了翻天覆地般的变化。

中国女性的地位如今已然得到了极大的提高,但抬眼看看中国周边的日本、韩国,或其他在文化上同源的国家或地区的女性地位,我们就会发现,其实国内很高的女性地位无异于是在一片稻田里长出了一棵参天大树,它和它生长的土壤并不那么匹配。于是,这样的错配,带来了一系列有趣的现象。

这三十年来,社会的急速发展仿佛把每个人都像橡皮筋一样狠狠地拉长了,许多在国外通常要花三四十年才能完成的变化,在这个社会里只用一两年时间便得以完成,人们不得不去快速地转变和成长,去触及下一个他们本无法触及的点。

而有趣的是,由于拉长的速度太快,以致这根"橡皮筋"被拉长的程度在各个地方都不一样,在不同的人身上,在同一个人的不同领域里,有的地方被拉得很长,而有的地方还几乎没动。于是放眼望去,你可以看到一片被拉伸得长长短短、各不相同的"橡皮筋",它们之间互相发生着磨合和冲突。

在回家吃饭的平台上，活跃着很多女性，她们大多是时间充裕的全职太太或者刚退休的阿姨，家庭关系是她们的社会关系里最重要的一个环节。和她们接触得多了，会不由自主地勾画出一幅女性的《清明上河图》，你会发现，在家庭关系涉及的方方面面里，每一个人的认知发展阶段都各不相同。

比如，刘太太是家里的领导，家里的一切事情都由她说了算。她是非常有独立意识的人，但是她并不喜欢自己去想主意，她喜欢让老公来提出各种想法，再由她来挑选。她的家里时常会有两个人的吵架声，她的老公觉得哪里不对，她也觉得哪里不对，但总是说不出来为什么。

陈阿姨则是一个非常有想法的人，她做化妆品代理，承包幼儿园的小饭桌，做微商。当回家吃饭这个新生事物出现的时候，她是第一批吃螃蟹的人，也因此获得了不菲的收入。但她的世界中心是她的儿子，一旦儿子有任何事情，她会放下一切去照顾孩子，在她热闹的生活里，总觉得有个什么绳子牵制着她。

田妹妹是一个爱冒险的女子，她喜爱四处旅行，足迹踏遍了50多个国家，家里摆满了她在世界各地拍的照片和带回来的手工艺品，为了有足够的时间去旅行，她放弃了稳定的工作，成为一个自由职业者。在回家吃饭，她不止做外送，还做家里的饭局。她有一个私心，就是希望通过平台能够尽快找到一个老公，不论自己多爱自由，一定要嫁人才算完整。虽然说不上为什么，但似乎周围的人都这么教育她，那么应该不会错。

孙女士是一位单亲妈妈，和前夫离婚以后，非常辛苦地拉扯着自己的儿子，在回家吃饭的平台上做菜，让她在家就可以赚取收入，生活得到了明显改善，觉得一个人带孩子的日子也没那么可怕了，心态也从焦虑变得平和。但是，更大的压力不是经济而是舆论，周围人的眼光还是时常让她尴尬，有的人习以为常，不把这当回事；但是有的人还是用异样的眼光去看待她和她的儿子。有时候她会纠结，自己究竟应该向前一步还是退后一步。

在这一个又一个故事里，可以看见很多社会价值观巨变中的不同步：权利与责任，独立与家庭，自我中心与孩子中心，等等。价值观里的各种细节、分支里，每一个人走到的阶段都不一样，而每一天这样的巨变又继续发生着，由此产生的冲突和磨合在大规模地上演。这群女性就是很好的社会缩影。

相对于回家吃饭平台上的有闲一族，更多的女性是经济独立的上班族。社会非常宽容地给予女性独当半边天的经济机会，而意识形态的皮筋似乎没有赶上经济地位的发展。于是，基于对女性物化的意识形态，产生了"剩女"、"女汉子"、"白骨精"等等有意思的标签。面对这些标签，或许很多人可以一笑而过，然而隐藏在其背后的社会现实却是沉重的。

　　这些在商业世界里生存的女性们,往往拥有一些突围的精神和对成功的渴望。于是,她们开始做各种各样的尝试去突围,在夹缝里爆发出很有意思的潜力:比如在公司二把手位置上的女性,其社交能力被发挥到极致;比如越来越多的女性去创业。

　　再过几百年,当历史回顾当下这一段时期,兴许会出现很有趣的桥段,这群女性因为在一个错配的社会里寻求突围,而无意中找到了一些不一样的突破点,从而给社会带来了一种新的推动力。

　　分享经济也许并不能直接给女性带来就业和独立,但是它带来一些思维方式的改变。

　　人是否需要依赖体制而存在?人是否需要依赖别人的眼光存在?个人的独特个性可以发挥什么样的价值?互联网和分享经济为这方面的探索提供了一个舞台,网红只是其中一个小小的方面,更加隐性和深层次的事物正在诞生。我们期待着,这样的时代会孵化出怎样一些有趣的女性。

分享经济的过去、现在和未来

大导演马丁·斯科塞斯曾经拍过一部名为《纽约黑帮》的电影。相对于斯科塞斯的平均水平而言,这部电影本身的水准并没有达到经典的程度,但其结尾耐人寻味。

电影讲述的是在19世纪的纽约,几个不同动机的黑帮在这座城市里互相争斗。电影的结尾来得很突然,当这群黑帮还沉浸在你争我斗中的时候,南北战争的炮火从天外飞来,划破天空,落在他们曾经争斗了无数遍的土地上。顿时,世界变了,那些争斗一下子变得不再重要,战争的洪流席卷着所有人,向历史的下一个阶段进发。镜头转而迅速地切换,用几分钟的时间,呈现了纽约这片土地从南北战争时期到9·11恐怖袭击时期的巨变。

让我们把镜头从眼前一城一池的得失中移开,历史的洪流还在不停地向前翻滚。

经济的发展和科技的进步带来了物资极大地丰富和过剩,催生了分享经济。分享经济的价值,是让过剩的物资更有效和合理地被分配。从本质上来说,它还是一个零和游戏。

在这一点上,我一直很认同特斯拉创始人埃隆·马斯克的观点。他说过:"这个社会最聪明的年轻人都在研究怎么让人们多晒自己的自拍照,而不去着眼科技和宇宙,这是多么可悲的事情。"这句话说得有点极端,但的确,在过去相当长的一段时间内,人类社会都缺乏具有突破性的技术革新。整体社会进步的相对停滞,在股票市场里有了明显的体现。

分享经济是这个时代一个小小的浪潮,它并不是今天才产生的,但是伴随着移动互联网技术的成熟,它的场景、模式和规模得到了迅速的延展,并在某些领域里颠覆了人们的习惯。它还会继续发展,继续改变着生活,改变着产业链。

在出行和短租的领域,已经出现了巨型体量的公司,其模式和格局正在逐渐清晰化。纯粹的C2C模式,也在逐渐向C2B2C,甚至B2C的方向探索。分享经济的创新进入到了下半场,它的供给端将逐步进化形成头部与长尾相结合的健康多元的组合。与此类似的,UGC正逐渐向更有效率、更高质量的PGC转变,尤其是在中国消费升级的大背景下,PGC将发挥更大的价值。

而更多的分享经济也会不断出现,我们现在并不知道它会在哪里给我们惊喜,以下几个猜想也许会给你一点启发。

第一,发掘长尾需求。

随着时代的进步,人们的个性化需求越来越强烈,越来越多元化,越来越快速变化。传统的供应和服务体系无法很灵活地满足各种个性化的需求,规模化的供应和服务也不是满足个性化最有效的方式。而分享经济正可以弥补这一点,通过长尾的供给、个体的供应,可以很好地满足个性化的长尾需求。虽然我们无法断言,是否会出现另一个百亿级别的公司,是否会像"行的分享"一样颠覆已有业态,或者只是一个补充,但机会是存在的。

第二,跨地域的分享。

目前的分享经济形态更多地发生在本地、同城之内的分享,甚至同商圈之内的分享,以实体商品的分享为主。但是,当我们把视线从本地拓展到全球,我们看到更多分配的不平衡和更大的差异空间,这都带来了更多的可能性。此时的分享标的,也许不是我们所熟悉的衣食住行这些实体物品,而是拓展到虚拟的服务和信息,互联网会将世界抹得更平,而我们每一个人,都将更加便利地享受到全世界的"别人"拥有的东西。

第三,技术改变分享介质。

到目前为止,分享主要通过互联网这个"介质"发生,但伴随技术的进步,相信会有更多的事物可以被分享。类比一下,"真空"可以传播光,但并不能传播声音,而有了"空气"这个介质,就可以传播声音。比如当大数据的基础建设将产业打通到一定程度的时候,生产和流通的决策将被改变,彼时是否会出现新的能够分享的信息和服务?再把脑洞开得更大一点,互联网改变的是分配的过程,那么生产的过程是否也可以被改变?当生产的技术有了突破,是否生产的元素也可以被分享?现有的生产关系和价值链是否会被颠覆?我们关注着,也期待着步入未来的那一天。

那么,中国的机会在哪里?

Uber的意义,不在于它那些吸引眼球的市场活动,不在于它以外企的身份在中国市场占据了一席之地,不在于它的补贴和烧钱。对于我们这一代中国人,Uber的意义在于这家公司颠覆了一个旧的世界,创造了一个新的世界和新的规则,凝聚了一帮优秀的人。它将这个规则的基因复制到全世界。这是值得我们仔细思考并从中获得启发的。

回望现代社会从信息革命以来的这么多年,产业的浪潮一浪接着一浪,有的浪潮直接兴起或者淹没一个国家或地区,台湾电子行业的兴衰就是我们最熟悉的例子。但是,在每一个浪潮里面,美国的位置始终是稳固的。

从服务器时代的IBM,到PC时代的微软和苹果,到软件时代的甲骨文(Oracle),到互联网1.0时代的雅虎和谷歌,到互联网2.0时代的Facebook和YouTube,再到分享经济的Uber、Airbnb和新能源汽车的特斯拉,在每一个浪潮里,美国都诞生了引领全球的伟大企业,这些企业共同造就了美国这个超级强国的地位。

美国之所以能够在无数浪潮中稳固地屹立,是因为美国是浪潮的起源地和制造者,它是一个造浪机器,它造出的浪花可以让一块礁石在潮涨潮落中显露或者淹没,但造浪机器本身不会被淹没。这个造浪的过程,正是制定规则的过程。

甚至,规则被抄也并不可怕。物种起源规律告诉我们,一个物种生存的最原始目的,是最大限度地复制它的基因、增加它的基因数量。这条法则对于一个规则制定者来说也同样适用,当它制定的规则被其他同行抄走的时候,正是基因被复制的时候,所以你在本书中以及在其他地方看到的,在每一次战役中,美国公司的打法总是创造出一种新的规则去进行降维打击,而其他公司只能跟随。因为规则和基因是它的,所有复制者只能追随着它的游戏规则玩。

总有一天,中国的企业也可以成为规则的制定者。这一天也许可以到来得很快。

回到我们所站着的这片土地,此时此刻,我们所处的中国,正迎来一个最好的时代。

放眼全球,你找不到其他哪一个国家的政策如此开放地支持创新创业,如此包容地给予创新创业以成长孕育的空间,如此热衷于资助创业者发展壮大。对于创新者来说,这正是一个千载难逢的机会,大胆的甚至疯狂的想法可以得到成长。去想象，去试错，去放手一搏，而这其中，兴许就能够诞生出那个制定规则的公司。

在政策、文化、经济等因素的交织下，中国逐渐把自己变成了一个不对外兼容的系统。

中国仿佛是一个苹果系统，而美国是一个安卓系统。一家外国公司进入中国，本土化成为越来越高的门槛，而反过来，诞生自中国的这个"苹果系统"，正有机会对外输出，占领全球，制定全新的世界标准。这需要这一代创业者有开阔的格局和视野。

Uber所代表的美国企业，之所以成为规则的制定者，根源来自于一种视野。美国企业总是一上来就把自己定位成全球企业，做全球市场，从第一天开始就打算占领世界，而中国企业则总是先做好中国市场再说。而立足中国再占领全球的机会，将伴随着中国这一整个"苹果系统"的兴起而到来。

观察现今这一时代，在上一轮的创业泡沫破灭以后，新一轮的创业必将是技术驱动和底层驱动的，新一代"90后"人才的入场、海外人才的净流入，让以Uber及硅谷所代表的精英创业文化有了更多的想象空间和存在空间。我们这一代创业者，该如何从Uber身上获得启发，结合眼前的天时地利人和，创造出改变世界规则的伟大的公司，这才是我们讨论Uber的意义所在。

分享经济是这一浪潮的推动者。分享经济对中国社会最大的贡献，是激发了每个人的内在动力,它通过降低门槛,让个人能够脱离组织存在,从而能够脱离组织的既定定义,释放自我的个性和动力。

在 Uber 和回家吃饭的这几年里,我亲眼看着一个个司机和家庭厨房从被动的"做一天和尚敲一天钟",变成了内在驱动的主动行为者。这何尝不是一种万众创业?

这一个个被激发了内在动力的个体,正是一个伟大公司和伟大国家的基础。

一段真实的Uber，与骄傲无关

大学毕业那年，奶奶拉着我的手，告诉我："趁年轻去外面的世界看看，钱什么时候都能赚"。在我的青年时代，这句话一直在敲打着我，影响我做出种种决策。

于是冥冥之中，误打误撞地，在2013年年底，我认识了一家叫作Uber的名不见经传的公司。于是，我离开任职5年的投资银行，走上创业的轨道。刚加入的时候，以为这是一个草台班子，当时哪怕穷尽最疯狂的想象，也意料不到在而后的两年里，它会成为风口浪尖的热点。

在短短两年时间里，Uber中国的业务从每周几百单到4000万单，占据全球业务的半壁江山，Uber用了两年时间做到了其他公司通常五六年才能做到的业务增长。而对于其中的人，也经历了在其他公司五六年才能有的成长。

对于一个尚未而立的年轻人来说，能够经历这样的两年，是一生中难遇的一次幸运。

当本书写到一半的时候，Uber和滴滴合并了。随后，社会上大多数对于Uber的讨论都围绕着"骄傲"这两个字展开，这更加坚定了我把这本书写完和出版的决心，把一个真实的Uber呈现给大家。没有一家公司的成功建立在骄傲之上，在真实的故事里，一个团队一起打了一场仗，他们收获了经验、成长和友情，丰盛而扎实，不是一两个字可以代替的。

回想过去的两年，你的出行被改变了，你可以更方便地坐到服务质量更好的私家车。而在看不见的背后，是一部史诗。

这是一部上千万分享经济群体的所谱写的史诗。分享经济借助互联网和资本的力量，第一次将以机构为中心的社会组织方式撕开了一个裂口，让司机们在短短两年的时间里，从必须依赖体制、机构，到可以独立地以自己的能力生存，逐渐释放出主观能动性。

这是一群年轻人的故事，一群象牙塔里、温室花房里的乖宝宝、乖乖女，因Uber汇聚在一起，走上了创业的道路，从懵懂到战士，从此找到激情，开始勇敢做自己的故事。

这是一家伟大公司的故事，它创造出一个颠覆性的世界，并用持续制定新规则的方式进行持续的降维打击。

离开Uber已经一段时间了，我在这里写的东西，只能代表Uber曾经的做法，并不代表现在，而更多的是对自己在两次分享经济创业中的反思、对比和总结，通过实战的经历，提炼出基本原理和经验总结，与读者们分享。

　　感谢Uber的每一位同事，不论是和我一起从0到1打拼的早期同事，还是在我离开以后将Uber做得更加出色的同事。这一段历史是大家一起创造的，我只是有幸将其中我经历的那一小部分，以我的视角记录下来。而历史的全貌，留在每一个人的记忆里，我也期待着，有一日它能以某种形式留存下来。

　　第一次写书，其过程有快乐也有波折，感谢马燕老师对我的写作潜力的发掘，感谢吴晓波老师和蓝狮子的老师们为本书倾注的心血，感谢清华大学的老师们对我的指导，让我对分享经济的商业属性有了更深刻的认识，感谢长江商学院创创社区给予的企业家平台，感谢我的朋友们对本书的建议，感谢徐小平、佟大为、陈大年、姬十三等本书的推荐人和分享经济领域的创业者为我摇旗呐喊，相信我们一起努力，会探索出分享经济的更多可能。

　　我写这本书的意义，不在于八卦Uber以及专车大战中的各种故事或者是非，而是希望我的思考能够给中国的创业企业一点启发，希望我的个人成长故事能够给中国的年轻人一点启发。如果说30年后，当中国有更多优秀的年轻人勇敢走上创业创新的道路，当中国出现了一大批能够制定世界规则的企业，当它们的创始人回忆起自己年轻的时候，能够想起这本书曾经给到他或她的一点启发和改变,我将感到无比幸福。

我们都是时代大潮里的一朵浪花,我们幸运地出生在祖国崛起的浪潮里。我们在规则里被改变,也因此拥有了改变世界规则的机会。

去改变世界的规则吧!这是你的时代,此刻,它到来了。

感谢这个时代。

声　明

由于本书在写作过程中所用部分资料涉及范围广、时间跨度大，无法逐一与当事人联系并取得授权，因此部分人物采用了化名的形式，所叙细节根据作者记忆，如有偏差，敬请谅解！